Ethel K. Smith Library

Wingate University
Wingate, North Carolina 28174

Escenas de la vida posmoderna

Seix Barral Los Tres Mundos *Ensayo*

Beatriz Sarlo
Escenas de la vida posmoderna

Intelectuales, arte y videocultura
en la Argentina

Sarlo, Beatriz
    Escenas de la vida posmoderna.- 1ª ed. – Buenos Aires :
    Seix barral, 2004.
    208 p. ; 23x14 cm. (Los Tres Mundos)

    ISBN 950-731-407-5

    1. Ensayo Argentino I. Título
    CDD A864

Diseño de colección:
Josep Bagà Associats

© 1994, Beatriz Sarlo
13 ediciones en Grupo Editorial Planeta S.A.I.C.

Derechos exclusivos de edición en castellano
reservados para todo el mundo
© 2004, Grupo Editorial Planeta S.A.I.C. / Seix Barral
Independencia 1668, C1100ABQ Buenos Aires

1ª edición: 3.000 ejemplares

ISBN 950-731-407-5

Impreso en Talleres Gráficos Leograf S.R.L.,
Rucci 408, Valentín Alsina,
en el mes de marzo de 2004.

Hecho el depósito que indica la ley 11.723
Impreso en la Argentina

Preguntas

> "Si no me engaño, la incomodidad es semejante a la que producen declaraciones públicas de ateísmo y, últimamente, también de socialismo: ¿por qué no guardar para sí convicciones sobre asuntos tan privados como Dios y el orden social?"
>
> Roberto Schwarz

Estamos en el fin de siglo y en la Argentina. Luces y sombras definen un paisaje conocido en Occidente, pero los contrastes se exageran, aquí, por dos razones: nuestra marginalidad respecto del "primer mundo" (en consecuencia, el carácter tributario de muchos procesos cuyos centros de iniciativa están en otra parte); y la encallecida indiferencia con que el Estado entrega al mercado la gestión cultural sin plantearse una política de contrapeso. Como otras naciones de América, la Argentina vive el clima de lo que se llama "posmodernidad" en el marco paradójico de una nación fracturada y empobrecida. Veinte horas de televisión diaria, por cincuenta canales, y una escuela desarmada, sin prestigio simbólico ni recursos materiales; paisajes urbanos trazados según el último *design* del mercado internacional y servicios urbanos en estado crítico. El mercado audiovisual distribuye sus baratijas y quienes pueden consumirlas se entregan a esta actividad como si fueran habitantes de los barrios ricos de Miami. Los más pobres sólo pueden conseguir *fast-food* televisivo; los menos pobres consumen eso y algunos otros bienes, mientras recuerdan las buenas épocas de la escuela pública adonde ya no pueden ir sus hijos o donde sus hijos ya no reciben lo que los padres recibieron; los otros, eligen dónde quieren, como en todas partes.

Esta desigualdad parece preocupar escasamente. Quienes no le dan importancia adhieren a dos grandes grupos (en los que militan intelectuales): los neoliberales convencidos, a quienes los pobres no les interesan si ese interés los obliga a una inversión pública de complicada traducción en términos electorales o de "paz social"; y los neopopulistas de mercado que piensan que los pobres tienen tantos recursos culturales espontáneos que pueden hacer literalmente cualquier cosa con el *fast-food* televisivo. Ambos grupos olvidan que ni los viejos populistas ni los viejos liberales practicaron nunca la indiferencia respecto de la desigualdad cultural, aunque sostuvieran diagnósticos y programas distintos.

No es sorprendente que muy pocos se preocupen por un tema cuyo sólo enunciado resulta irrisorio en este clima: el lugar del arte y de la cultura culta en la vida social (y agregaría: el lugar de las humanidades en el giro civilizatorio tecno-científico). Este parece ser un tema pasado de moda, al cual sólo pueden dedicarse los universitarios especializados o los propios artistas, aunque no siempre interesa a unos y otros. La cuestión del arte, como debate no sólo de especialistas, sino como debate intelectual público no figura en ninguna agenda.

Sin embargo, muchos saben que ha sido un tema central de los dos siglos que estamos dejando atrás. Probablemente esa centralidad se haya desdibujado para siempre. Y, sin embargo, no existe otra actividad humana que pueda colocarnos frente a nuestra condición subjetiva y social con la intensidad y la abundancia de sentidos del arte, sin que esa experiencia exija, como la religión, una afirmación de la trascendencia. Los neopopulistas de mercado (que practican la ironía o el desencanto posmoderno) liquidan la cuestión como un residuo arcaico de las buenas conciencias pequeñoburguesas; junto con los neoliberales, confían en el mercado, porque piensan que allí cada uno podrá elegir libremente su reproducción de Picasso o su disco de la Filarmónica de Berlín, si le vienen ganas de hacerlo y tiene con qué pagarlo. En un mundo donde casi todos coinciden en diagnosticar una "escasez de sentidos", irónicamente, ese diagnóstico no considera al arte en lo que es: una práctica que se define en la producción de sentidos y en la intensidad formal y moral.

La Argentina, como casi todo Occidente, vive en una creciente homogeneización cultural, donde la pluralidad de ofertas no compensa la pobreza de ideales colectivos, y cuyo rasgo básico es, al mismo tiempo, el extremo individualismo. Este rasgo se evidencia en la llamada "cultura juvenil" tal como la define el mercado, y en un imaginario social habitado por dos fantasmas: la libertad de elección sin límites como afirmación abstracta de la individualidad, y el individualismo programado. Las contradicciones de este imaginario son las de *la condición posmoderna realmente existente*: la reproducción clónica de necesidades con la fantasía de que satisfacerlas es un acto de libertad y de diferenciación. Si todas las sociedades se han caracterizado por la reproducción de deseos, mitos y conductas (porque de ellas también depende la continuidad), esta sociedad lo lleva a cabo con la idea de que esa reproducción pautada es un ejercicio de la autonomía de los sujetos. En esta paradoja imprescindible se basa la homogeneización cultural realizada con las consignas de la libertad absoluta de elección.

Acá parece oportuno plantearse por lo menos algunas preguntas, aunque se sepa de antemano que no se darán las respuestas. Son preguntas que sirven para señalar un problema más que para encontrarle una solución. Precisamente, los problemas que enfrentamos no tienen, como nunca tuvieron los problemas sociales, una solución inscripta en su enunciado. Se trata más bien de preguntar para *hacer ver* y no de preguntar para encontrar, de inmediato, una guía para la acción. No son preguntas del *qué hacer* sino del *cómo armar una perspectiva para ver*.

Hoy, si algo puede definir a la actividad intelectual, sería precisamente la interrogación de aquello que parece inscripto en la naturaleza de las cosas, para *mostrar que las cosas no son inevitables*. A la variada gama de determinismos que agitan sus banderas de aceptación y adaptación (el determinismo técnico, el determinismo de mercado, el determinismo neopopulista) quisiera oponer interrogantes cuya única pretensión sea perturbar las justificaciones, celebratorias o cínicas, de lo existente. Examinar lo dado con la idea de que eso dado resultó de acciones sociales cuyo poder no es absoluto: *lo dado es la condición de una acción futura, no su límite*.

Pongamos a prueba tres espacios: el de los medios

audiovisuales y su mercado; el de las antes denominadas culturas populares; el del arte y la cultura "culta".

Respecto del primero: ¿es imprescindible aceptar la reorganización de la cultura producida por lo audiovisual massmediático bajo las formas propagandizadas por un mercado que opera según la ley del beneficio y, en nuestro caso, sin contrapesos del Estado ni de la esfera pública? ¿Mercado y revolución audiovisual han soldado su destino a tal punto que sólo el mercado hace posible la innovación audiovisual? ¿Intervenir en el mercado implica necesariamente convertirse en obstáculo al desarrollo y expansión de una nueva cultura?

Respecto del segundo: ¿Cuál es la situación de las llamadas culturas populares en la encrucijada de instituciones en crisis y abundancia audiovisual? ¿Cómo gira el círculo en el cual el sentido común espontáneo es un compuesto de lo que imparten los medios y de las huellas de viejas imposiciones, experiencias y privaciones simbólicas? ¿Qué hacen las culturas populares con los bienes culturales del mercado? ¿Es inevitable la desestructuración de las culturas populares no massmediáticas?

Respecto del tercero: ¿Hay que resignarse al carácter restringido de la cultura "culta"? ¿El arte será para siempre (o siempre fue) una actividad de ociosos, vocacionales extravagantes y mandarines? ¿Una deriva nos ha alejado definitivamente de las tradiciones culturales y ha borrado todas las huellas? ¿Hay un lugar para el arte en la vida o arte y vida se excluyen por principio sociológico y estético?

Las preguntas trazan un mapa hipotético. Las ha formulado alguien que, en la quiebra de la figura del intelectual, no ve allí la ocasión de darle una sepultura piadosa sino de aprender a evitar las equivocaciones y el orgullo desmedido que la caracterizaron. A causa de esas equivocaciones y ese orgullo muchos desean enterrarlo para siempre, porque fue un legislador soberbio o un profeta demasiado solitario. Sin embargo, los errores del pasado no son suficiente crimen para que se nos exija silencio. Es cierto que la voz de la crítica no pertenece sólo a los intelectuales, pero hay un *deber del saber* que todavía tiene fuerza moral. La historia dirá, dentro de décadas, si verdaderamente el final de este siglo vio el ocaso definitivo del intelectual crítico.

Mientras tanto no nos apresuremos.

Capítulo I
ABUNDANCIA Y POBREZA

1. Ciudad

En muchas ciudades no existe un "centro". Quiero decir: un lugar geográfico preciso, marcado por monumentos, cruces de ciertas calles y ciertas avenidas, teatros, cines, restaurantes, confiterías, peatonales, carteles luminosos destellando en el líquido, también luminoso y metálico, que baña los edificios. Se podía discutir si el "centro" verdaderamente terminaba en tal calle o un poco más allá, pero nadie discutía la existencia misma de un sólo centro: imágenes, ruidos, horarios diferentes. Se iba al "centro" desde los barrios como una actividad especial, de día feriado, como salida nocturna, como expedición de compras, o, simplemente, para ver y estar en el centro. Hoy, Los Angeles (esa inmensa ciudad sin centro) no es tan incomprensible como lo fue en los años sesenta. Muchas ciudades latinoamericanas, Buenos Aires entre ellas, han entrado en un proceso de "angelinización".*

La gente hoy pertenece más a los barrios urbanos (y a los "barrios audiovisuales") que en los años veinte, donde la salida al "centro" prometía un horizonte de

* En las páginas finales de este libro los lectores encontrarán la bibliografía con la que cada capítulo ha hecho su diálogo.

deseos y peligros, una exploración de un territorio siempre distinto. De los barrios de clase media ahora no se sale al centro. Las distancias se han acortado no sólo porque la ciudad ha dejado de crecer, sino porque la gente ya no se mueve por la ciudad, de una punta a la otra. Los barrios ricos han configurado sus propios centros, más limpios, más ordenados, mejor vigilados, con más luz y mayores ofertas materiales y simbólicas.

Ir al centro no es lo mismo que ir al shopping-center, aunque el significante "centro" se repita en las dos expresiones. En primer lugar por el paisaje: el shopping-center, no importa cuál sea su tipología arquitectónica, es un simulacro de ciudad de servicios en miniatura, donde todos los extremos de lo urbano han sido liquidados: la intemperie, que los pasajes y las arcadas del siglo XIX sólo interrumpían sin anular; los ruidos, que no respondían a una programación unificada; el claroscuro, que es producto de la colisión de luces diferentes, opuestas, que disputan, se refuerzan o, simplemente, se ignoran unas a otras; la gran escala producida por los edificios de varios pisos, las dobles y triples elevaciones de los cines y teatros, las superficies vidriadas tres, cuatro, cinco veces más grandes que el más amplio de los negocios; los monumentos conocidos, que por su permanencia, su belleza o su fealdad, eran los signos más poderosos del texto urbano; la proliferación de escritos de dimensiones gigantescas, arriba de los edificios, recorriendo decenas de metros en sus fachadas, sobre las marquesinas, en grandes letras pegadas sobre los vidrios de decenas de puertas vaivén, en chapas relucientes, escudos, carteles pintados sobre el dintel de portales, pancartas, afiches, letreros espontáneos, anuncios impresos, señalizaciones de tránsito.

Estos rasgos, producidos a veces por el azar y otras por el diseño, son (o fueron) la marca de una identidad urbana.

Hoy, el shopping opone a este paisaje del "centro" su propuesta de cápsula espacial acondicionada por la estética del mercado. En un punto, todos los shopping-centers son iguales: en Minneapolis, en Miami Beach, en Chevy Chase, en New Port, en Rodeo Drive, en Santa Fe y Coronel Díaz, ciudad de Buenos Aires. Si uno descendiera de Júpiter, sólo el papel moneda y la lengua de vendedores, compradores y mirones le permitirían saber dónde está. La constancia de las marcas internacionales y de las mercancías se suman a la uniformidad de un espacio sin cualidades: un vuelo interplanetario a Cacharel, Stephanel, Fiorucci, Kenzo, Guess y McDonalds, en una nave fletada bajo la insignia de los colores unidos de las etiquetas del mundo.

La cápsula espacial puede ser un paraíso o una pesadilla. El aire se limpia en el reciclaje de los acondicionadores; la temperatura es benigna; las luces son funcionales y no entran en el conflicto del claroscuro, que siempre puede resultar amenazador; otras amenazas son neutralizadas por los circuitos cerrados, que hacen fluir la información hacia el panóptico ocupado por el personal de vigilancia. Como en una nave espacial, es posible realizar todas las actividades reproductivas de la vida: se come, se bebe, se descansa, se consumen símbolos y mercancías según instrucciones no escritas pero absolutamente claras. Como en una nave espacial, se pierde con facilidad el sentido de la orientación: lo que se ve desde un punto es tan parecido a lo que se ve desde el opuesto que sólo los expertos, muy conocedores de los pequeños detalles, o quienes se mueven con un mapa, son capaces de decir dónde están en cada momento. De todas formas, eso, saber dónde se está en cada momento, carece de importancia: el shopping no se recorre de una punta a la otra, como si fuera una calle o una galería; el shopping tiene que caminarse con la decisión de aceptar, aunque no siempre, aunque no del todo, las trampas del azar. Los que no acepten estas trampas alteran la ley espacial del shopping, en cuyo tablero los avances, los retrocesos y las repeticiones no buscadas son una estrategia de venta.

El shopping, si es un buen shopping, responde a un ordenamiento total pero, al mismo tiempo, debe dar una idea de libre recorrido: se trata de la ordenada deriva del mercado. Quienes usan el shopping para entrar, llegar a un punto, comprar y salir inmediatamente, contradicen las funciones de su espacio que tiene mucho de cinta de Moebius: se pasa de una superficie a otra, de un plano a otro sin darse cuenta de que se está atravesando un límite. Es difícil perderse en un shopping precisamente por esto: no está hecho para encontrar un punto y, en consecuencia, en su espacio sin jerarquías, también es difícil saber si uno está perdido. El shopping no es un laberinto del que sea preciso buscar una salida; por el contrario, sólo una comparación superficial acerca el shopping al laberinto. El shopping es una cápsula donde, si es posible no encontrar lo que se busca, es completamente imposible perderse. Sólo los niños muy pequeños pueden perderse en un shopping porque un accidente puede separarlos de otras personas y esa ausencia no se equilibra con el encuentro de mercancías.

Como una nave espacial, el shopping tiene una relación *indiferente* con la ciudad que lo rodea: esa ciudad siempre es el espacio exterior, bajo la forma de autopista con villa miseria al lado, gran avenida, barrio suburbano o peatonal. A nadie, cuando está dentro del shopping, debe interesarle si la vidriera del negocio donde vio lo que buscaba es paralela o perpendicular a una calle exterior; a lo sumo, lo que no debe olvidar es en qué naveta está guardada la mercancía que desea. En el shopping no sólo se anula el sentido de orientación interna sino que desaparece por completo la geografía urbana. A diferencia de las cápsulas espaciales, los shoppings cierran sus muros a las perspectivas exteriores. Como en los casinos de Las Vegas (y los shoppings aprendieron mucho de Las Vegas), el día y la noche no se diferencian: el tiempo no pasa o el tiempo que pasa es también un tiempo sin cualidades.

La ciudad no existe para el shopping, que ha sido construido para reemplazar a la ciudad. Por eso, el shopping olvida lo que lo rodea: no sólo cierra su recinto a las vistas de afuera, sino que irrumpe, como caído del cielo, en una manzana de la ciudad a la que ignora; o es depositado en medio de un baldío al lado de una autopista, donde no hay pasado urbano. Cuando el shopping ocupa un espacio marcado por la historia (reciclaje de mercados, docks, barracas portuarias, incluso reciclaje en segunda potencia: galerías comerciales que pasan a ser shoppings-galería) lo usa como decoración y no como arquitectura. Casi siempre, incluso en el caso de shoppings "conservacionistas" de arquitectura pasada, el shopping se incrusta en un vacío de memoria urbana, porque representa las nuevas costumbres y no tiene que rendir tributo a las tradiciones: allí donde el mercado se despliega, el viento de lo nuevo hace sentir su fuerza.

El shopping es todo futuro: construye nuevos hábitos, se convierte en punto de referencia, acomoda la ciudad a su presencia, acostumbra a la gente a funcionar en el shopping. En el shopping puede descubrirse un "proyecto premonitorio del futuro": shoppings cada vez más extensos que, como un barco factoría, no sea necesario abandonar nunca (así ya son algunos hoteles-shopping-spa-centro cultural en Los Angeles y, por supuesto, en Las Vegas). Aldeas-shoppings, museos-shoppings, bibliotecas y escuelas-shoppings, hospitales-shoppings.

Se nos informa que la ciudadanía se constituye en el mercado y, en consecuencia, los shoppings pueden ser vistos como los monumentos de un nuevo civismo: ágora, templo y mercado como en los foros de la vieja Italia romana. En los foros había oradores y escuchas, políticos y plebe sobre la que se maniobraba; en los shoppings también los ciudadanos desempeñan papeles diferentes: algunos compran, otros simplemente miran y admiran. En los shoppings no podrá descubrirse, como en las galerías del siglo XIX, una arqueología del capitalismo sino su realización más plena.

Frente a la ciudad real, construida en el tiempo, el shopping ofrece su modelo de ciudad de servicios miniaturizada, que se independiza soberanamente de las tradiciones y de su entorno. De una ciudad en miniatura, el shopping tiene el aire irreal, porque ha sido construido demasiado rápido, no ha conocido vacilaciones, marchas y contramarchas, correcciones, destrucciones, influencias de proyectos más amplios. La historia está ausente y cuando hay algo de historia, no se plantea el conflicto apasionante entre la resistencia del pasado y el impulso del presente. La historia es usada para roles serviles y se convierte en una decoración banal: preservacionismo fetichista de algunos muros como cáscaras. Por esto, el shopping sintoniza perfectamente con la pasión por el decorado de la arquitectura llamada posmoderna. En el shopping de intención preservacionista la historia es paradojalmente tratada como *souvenir* y no como soporte material de una identidad y temporalidad que siempre le plantean al presente su conflicto.

Evacuada la historia como "detalle", el shopping sufre una amnesia necesaria a la buena marcha de sus negocios, porque si las huellas de la historia fueran demasiado evidentes y superaran la función decorativa, el shopping viviría un conflicto de funciones y sentidos: para el shopping, la única máquina semiótica es la de su propio proyecto. En cambio, la historia despilfarra sentidos que al shopping no le interesa conservar, porque en su espacio, además, los sentidos valen menos que los significantes.

El shopping es un artefacto perfectamente adecuado a la hipótesis del nomadismo contemporáneo: cualquiera que haya usado alguna vez un shopping puede usar otro, en una ciudad diferente y extraña de la que ni siquiera conozca la lengua o las costumbres. Las masas temporariamente nómades que se mueven según los flujos del turismo, encuentran en el shopping la dulzura del hogar donde se borran las contratiempos de la diferencia y del malentendido. Después de una travesía por ciudades desconocidas, el shopping es un oasis donde todo marcha exactamente como en casa; del exotismo que deleita al turista hasta agotarlo, se puede encontrar reposo en la familiaridad de espacios que siguen conservando algún atractivo dado que se sabe que están en el "extranjero", pero que, al mismo tiempo, son idénticos en todas partes. Sin shoppings y sin Clubs Mediterranée el turismo de masas sería impensable: ambos proporcionan la seguridad que sólo se siente en la casa propia sin perder del todo la emoción producida por el hecho de que se la ha dejado atrás. Cuando el espacio extranjero, a fuerza de incomunicación, amenaza como un desierto, el shopping ofrece el paliativo de su familiaridad.

Pero no es ésta la única ni la más importante contribución del shopping al nomadismo. Por el contrario, la máquina perfecta del shopping, con su lógica aproximativa, es, en sí misma, un tablero para la deriva desterritorializada. Los puntos de referencia son universales: logotipos, siglas, letras, etiquetas no requieren que sus intérpretes estén afincados en ninguna cultura previa o distinta de la del mercado. Así, el shopping produce una cultura extraterritorial de la que nadie puede sentirse excluido: incluso los que menos consumen se manejan perfectamente en el shopping e inventan algunos usos no previstos que la máquina tolera en la medida en que no dilapiden las energías que el shopping administra. He visto, en los barrios ricos de la ciudad, señoras de los suburbios, sentadas en los bordes de los maceteros, muy cerca de las mesas repletas de un patio de comidas, alimentando a sus bebés, mientras otros chicos corrían entre los mostradores con una botella plástica de dos litros de Coca-Cola; he visto cómo sacaban sandwiches caseros de las bolsas de plástico con marcas internacionales que seguramente fueron sucesivamente recicladas desde el momento en que salieron de las tiendas cumpliendo las leyes de un primer uso "legítimo". Estos visitantes, que la máquina del shopping no contempla pero a quienes tampoco expulsa activamente, son extraterritoriales y sin embargo la misma extraterritorialidad del shopping los admite en una paradoja curiosa de libertad plebeya. Fiel a la universalidad del mercado, el shopping en principio no excluye.

Su extraterritorialidad tiene ventajas para los más pobres: ellos carecen de una ciudad limpia, segura, con buenos servicios, transitable a todas horas; viven en suburbios de donde el Estado se ha retirado y la pobreza impide que el mercado tome su lugar; soportan la crisis de las sociedades vecinales, el deterioro de las solidaridades comunitarias y el anecdotario cotidiano de la violencia. El shopping es exactamente una realización hiperbólica y condensada de cualidades opuestas y, además, como espacio extraterritorial, no exige visados especiales. En la otra punta del arco social, la extraterritorialidad del shopping podría afectar lo que los sectores medios y altos consideran sus derechos; sin embargo, el uso según días y franjas horarias impide la colisión de estas dos pretensiones diferentes. Los pobres van los fines de semana cuando los menos pobres y los más ricos prefieren estar en otra parte. El mismo espacio cambia con las horas y los días mostrando esa cualidad transocial que, según algunos, marcaría a fuego el viraje de la posmodernidad.

La extraterritorialidad del shopping fascina también a los muy jóvenes, precisamente por la posibilidad de deriva en el mundo de los significantes mercantiles. Para el fetichismo de las marcas se despliega en el shopping una escenografía riquísima donde, por lo menos en teoría, no puede faltar nada; por el contrario, se necesita un exceso que sorprenda incluso a los entendidos más eruditos. La escenografía ofrece su cara Disneyworld: como en Disneyworld, no falta ningún personaje y cada personaje muestra los atributos de su fama. El shopping es una exposición de todos los objetos soñados.

Ese espacio sin referencias urbanas está repleto de referencias neoculturales donde los que no saben pueden aprender un *know-how* que se adquiere en el estar ahí. El mercado, potenciando la libertad de elección (aunque sólo sea de toma de partido imaginario), educa en saberes que son, por un lado, funcionales a su dinámica, y, por el otro, adecuados a un deseo joven de libertad antiinstitucional. Sobre el shopping, nadie sabe más que los adolescentes que pueden ejercitar un sentimentalismo antisentimental en el entusiasmo por la exhibición y la libertad de tránsito que se apoya en un desorden controlado. Las marcas y etiquetas que forman el paisaje del shopping reemplazan al elenco de viejos símbolos públicos o religiosos que han entrado en su ocaso. Además, para chicos afiebrados por el *high-tech* de las computadoras, el shopping ofrece un espacio que parece *high-tech* aunque, en las versiones de ciudades periféricas, ello sea un efecto estético antes que una cualidad real de funcionamiento. El shopping, por lo demás, combina la plenitud iconográfica de todas las etiquetas con las marcas "artesanales" de algunos productos folk-ecológico-naturistas, completando así la suma de estilos que definen una estética adolescente. Kitsch industrial y compact disc.

La velocidad con que el shopping se impuso en la cultura urbana no recuerda la de ningún otro cambio de costumbres, ni siquiera en este siglo que está marcado por la transitoriedad de la mercancía y la inestabilidad de los valores. Se dirá que el cambio no es fundamental ni puede compararse con otros. Creo sin embargo que sintetiza rasgos básicos de lo que vendrá o, mejor dicho, de lo que ya está aquí para quedarse: en ciudades que se fracturan y se desintegran, este refugio antiatómico es perfectamente adecuado al tono de una época. Donde las instituciones y la esfera pública ya no pueden construir hitos que se piensen eternos, se erige un monumento que está basado precisamente en la velocidad del flujo mercantil. El shopping presenta el espejo de una crisis del espacio público donde es difícil construir sentidos; y el espejo devuelve una imagen invertida en la que fluye día y noche un ordenado torrente de significantes.

2. Mercado

Escuchado hace poco, un domingo, bastante después de mediodía, en un restaurante que se iba vaciando. Los padres de la chica le preguntaron qué quería para su cumpleaños.

Ustedes ya saben, dijo la chica, la operación que me prometieron el año pasado cuando cumplí catorce.

Le ofrecieron, en cambio y para ver si la convencían, un mes en una playa del Caribe, vacaciones de ski para ella y una amiga, clases particulares de patín aeróbico o de ala delta, zapatillas con tacómetro, autoinflables, modelo antiguo con suela fina, ribeteadas de satén con forro de cibellina sintética para el après-ski, permiso para que su amiguito se quedara a dormir todas las noches, un vestido de fiesta Calvin Klein original, un reproductor de discos compactos superliviano para llevar en el monedero, una muñeca inflable de Axl Rose tamaño natural, una muñeca inflable de Luis Miguel tamaño natural, una cama de gimnasia pasiva y un gabinete de rayos ultravioletas, lentes de contacto verdes, gris acero y turquesa, un holograma de su cabeza tamaño natural, un mural para su pieza reproduciendo la primera foto que le habían sacado después de nacer, corte de pelo, colocado de pestañas permanentes y teñido de las cejas, una fiesta en la disco que eligiera, un osito Sarah Kay gigante.

Quiero la operación, insistió la chica.

Me parece que tus caderas están bastante desarrolladas para tu edad, razonó la madre. No me gusta mi trasero, aseguró la chica. No le veo nada de particular, dijo el hermanito. Precisamente, dijo la muy terca. Sos muy chica todavía para decidir, dijo el padre. Todas mis amigas se hicieron algo o se van a hacer algo para festejar los quince, y yo no quiero ser la única estúpida. Lo estúpido es operarse, dijo el hermanito, con lo que debe doler. Nadie me entiende, dijo la chica.

El padre se puso serio: te entendemos perfectamente; a nadie se le puede negar ese derecho, pero sale carísimo. Más caro va a salir que a mí no me quiera nadie, no me saquen fotos en la playa ni salga en las revistas. Caro va a ser eso, puro gasto de terapia y sin que yo pueda trabajar de nada cuando sea más grande. Algo de razón tiene en eso, dijo la madre.

Nadie te preguntó cuánto había costado tu lifting, dijo la chica, sin darse cuenta de que no tenía que atacar a sus aliados. Mi lifting lo pagué yo; fui al sanatorio con una bolsa llena de moneditas y todavía sobró plata. Vaya a saber de dónde la sacaste, dijo la chica. La plata no tiene olor, dijo el hermanito. Del estudio saqué la plata, dijo la madre. ¿Del estudio de quién?, preguntó el hermanito. Idiota, este chico es idiota, dijo el padre.

Así como soy, con este trasero chato, hasta ir al colegio me da vergüenza. Todas las chicas se hicieron cosas: ensanche del puente nasal, alzado de los pómulos, abultamiento de labio inferior, implante de pelo para achicar la frente, retoque de mentón, tetas más grandes, tetas más redondas, depilación definitiva del pubis, serruchado de la última costilla, caderas, alzado de glúteos, cavado de tobillos, enderezado de los dedos de los pies, levante del empeine, achicamiento de muñecas, implante de doble músculo en los pectorales, redondeado de los brazos, alargue de huesos, estiramiento del cuello, peeling con ácidos naturales. ¿Y si pidiera implantes de pelo lacio? Eso es mucho peor, porque no se sabe si se va a seguir usando. Eso sí que es tirar la plata a la basura, como los tatuajes de este tarado. Conmigo no te metas, reaccionó el hermanito.

No somos millonarios dijo la madre. ¿Qué tiene que ver eso con mi regalo? Desde que entré al secundario te hiciste las bolsas debajo de los ojos, te enderezaste el tabique, te infiltraron con colágeno dos veces y te operaste la panza para volver a usar traje de dos piezas. ¿Cuántas veces cumpliste años desde que entré al secundario? Tres. ¿Cuántas operaciones te hiciste? Pero no todas fueron con anestesia total y, además, la culpa de la panza la tuvieron ustedes dos. Conmigo no se metan, dijo el hermanito.

Esta bien, dijo el padre, pero no pidas otra cosa hasta los dieciocho. A los dieciocho voy a ser millonaria y vivir en Miami, dijo la chica. Después, la madre comentó que ella se iba a hacer dos retoques antes de que nadie se diera cuenta porque se le estaban cayendo un poco los párpados. A dos retoques por año, si vivo hasta los setenta y cinco, son más o menos setenta retoques, pero nunca se sabe lo que van a ir descubriendo por el camino.

El que verdaderamente necesitaba operarse era el padre. Con esas ojeras, si lo echaban del trabajo no iba a conseguir un puesto decente en ninguna parte. Este año me opero yo también, dijo el padre. Al fin y al cabo de mí dependen más cosas que de todos ustedes juntos.

Somos libres. Cada vez seremos más libres para diseñar nuestro cuerpo: hoy la cirugía, mañana la genética, vuelven o volverán reales todos los sueños. ¿Quién sueña en esos sueños? La cultura sueña, somos soñados por los íconos de la cultura. Somos libremente soñados por las tapas de las revistas, los afiches, la publicidad, la moda: cada uno de nosotros encuentra un hilo que promete conducir a algo profundamente personal, en esa trama tejida con deseos absolutamente comunes. La inestabilidad de la sociedad moderna se compensa en el hogar de los sueños, donde con retazos de todos lados conseguimos manejar el "lenguaje de nuestra identidad social". La cultura nos sueña como un cosido de retazos, un *collage* de partes, un ensamble nunca terminado del todo, donde podrían reconocerse los años en que cada pieza fue forjada, el lugar de donde vino, la pieza original que trata de imitar.

Las identidades, se dice, han estallado. En su lugar no está el vacío sino el mercado. Las ciencias sociales descubren que la ciudadanía también se ejerce en el mercado y que quien no puede realizar allí sus transacciones queda, por así decirlo, fuera del mundo. Fragmentos de subjetividad se obtienen en esa escena planetaria de circulación, de la cual quedan excluidos los muy pobres. El mercado unifica, selecciona y, además, produce la ilusión de la diferencia a través de los sentidos extramercantiles que toman los objetos que se obtienen por el intercambio mercantil. El mercado es un lenguaje y todos tratamos de hablar algunas de sus lenguas: nuestros sueños no tienen demasiado juego propio. Soñamos con piezas que se encuentran en el mercado. Hace siglos, las piezas venían de otras partes, y no eran, necesariamente mejores. La crítica de los sueños fue uno de los grandes impulsos en la construcción de imágenes de sociedades diferentes. Hoy, entonces, son los sueños seriales del mercado los que están aquí para ser objeto de la crítica.

El deseo de lo nuevo es, por definición, inextinguible. Algo de esto supieron las vanguardias estéticas, porque una vez que estallan las compuertas de la tradición, de la religión, de las autoridades indiscutibles, lo nuevo se impone con su *moto perpetuo*. También en el mercado o, mejor dicho, en el mercado más que en ninguna otra escena.

Hoy el sujeto que puede entrar en el mercado, que tiene el dinero para intervenir en él como consumidor, es una especie de *coleccionista al revés*. En lugar de coleccionar objetos, colecciona actos de adquisición de objetos. El coleccionista de viejo tipo sustrae los objetos de la circulación y del uso para atesorarlos: ningún filatelista manda cartas con las estampillas de su colección; ningún apasionado de los soldaditos de plomo permite que un niño juegue con ellos; las cajas de fósforos de una colección no deben usarse. El coleccionista tradicional conoce el valor de mercado de sus objetos (porque ha pagado por ellos) o conoce el tiempo de trabajo coleccionístico que ha invertido en conseguirlos si no han llegado a él a través de la venta y la compra. Pero también conoce el valor, digamos sintáctico, que esos objetos tienen en la colección: sabe cuáles le faltan para completar una serie, cuáles son los que de ningún modo pueden ser canjeados por otros, qué historia está atrás de cada uno de ellos. En la colección tradicional, los objetos valiosos son literalmente irreemplazables aunque un coleccionista pueda sacrificar alguno para conseguir otro más valioso todavía.

El *coleccionista al revés* sabe que los objetos que adquiere se deprecian desde el instante mismo en que los toca con sus manos. El valor de esos objetos empieza a erosionarse y se debilita la fuerza magnética que hace titilar las cosas en las vidrieras del mercado: una vez adquiridas, las mercancías pierden su alma (en la colección, en cambio, las cosas tienen un alma que se enriquece a medida que la colección se enriquece: la vejez es valiosa en la colección). Para el *coleccionista al revés*, su deseo no tiene objeto que pueda conformarlo, porque siempre habrá otro objeto que lo llame. Colecciona actos de compra-venta, momentos perfectamente incandescentes y gloriosos: los norteamericanos, que algo saben de estas peripecias de la modernidad y la posmodernidad, llaman *shopping spree* a una especie de bacanal de compras en la cual una cosa lleva a la otra hasta el agotamiento que cierra el día en las cafeterías de las grandes tiendas. El *shopping spree* es un impulso teóricamente irrefrenable mientras existan los medios económicos para llevarlo a cabo. Es, al pie de la letra, una colección de actos de consumo en la que el objeto se consume antes de ser ni siquiera tocado por el uso.

En el polo opuesto al *coleccionista al revés* están los excluidos del mercado: desde los excluidos que, de todas formas, pueden soñar consumos imaginarios, hasta los excluidos a quienes la pobreza encierra en el corral de fantasías mínimas. Ellos agotan los objetos en el consumo y la adquisición de objetos no hace que éstos pierdan su interés; para ellos, el uso de los objetos es una dimensión fundamental de la posesión. Pero, salvo en el caso de estos rezagados de la fiesta, el deseo de objetos hoy es casi inextinguible para quienes han entendido el juego y están en condiciones de jugarlo.

Los objetos se nos escapan: a veces porque no podemos conseguirlos, otras veces porque ya los hemos conseguido, pero se nos escapan siempre. La identidad transitoria afecta tanto a los coleccionistas al revés como a los menos favorecidos coleccionistas imaginarios: ambos piensan que el objeto les da (o les daría) algo de lo que carecen no en el nivel de la posesión sino en el nivel de la identidad. Así los objetos *nos* significan: ellos tienen el poder de otorgarnos algunos sentidos y nosotros estamos dispuestos a aceptarlos. Un tradicionalista diría que se trata de un mundo perfectamente invertido. Sin embargo, cuando ni la religión, ni las ideologías, ni la política, ni los viejos lazos de comunidad, ni las relaciones modernas de sociedad pueden ofrecer una base de identificación ni un fundamento suficiente a los valores, allí está el mercado, un espacio universal y libre, que nos da algo para reemplazar a los dioses desaparecidos. Los objetos son nuestros íconos cuando los otros íconos, aquellos que representaban a alguna divinidad, muestran su impotencia simbólica; son nuestros íconos porque pueden crear una comunidad imaginaria (la de los consumidores, cuyo libro sagrado es el *advertising*, sus rituales el *shopping spree*, su templo los shopping-centers, y la moda su código civil).

Sin embargo, los objetos se escapan (y no sólo se escapan a los deseos de quienes no pueden entrar con desenvoltura en el mercado o ni siquiera pueden pisarlo). Aquello que los hace deseables, también los vuelve volátiles. La inestabilidad de los objetos se origina precisamente en su libro sagrado y en los saberes que la enciclopedia de la moda codifica cada temporada. Son valiosos porque cambian constantemente y, por paradoja, también pierden su valor porque constantemente cambian: la vida no logra apoyarse en ellos y nadie querría usar un par de zapatillas viejas sólo por el hecho de que ha sido feliz cuando las llevaba puestas. A veces, el sentimentalismo puede salvar a los objetos de la desaparición: se guardan las camisetas de un equipo de fútbol, o el vestido de casamiento, o el primer delantal escolar. Así, el sentimentalismo es una forma psicológica del coleccionismo. Pero, en general, el pasado marca los objetos sólo como vejez, y no existen defensores de objetos viejos del mismo modo que existen conservacionistas de ciudades o de edificios: sólo lo público llama a la preservación. Los objetos privados envejecen rápido y de esta vejez sólo podría salvarlos el diseño perfecto. Pero ni siquiera éste: los objetos de diseño perfecto terminan en el museo o las colecciones; los objetos de diseño "común" (en general, los objetos muy marcados por la moda) sólo se conservan cuando no pueden ser reemplazados por otros más nuevos y mejores.

El tiempo fue abolido en los objetos comunes del mercado, no porque sean eternos sino porque son *completamente transitorios*. Duran mientras no se desgaste del todo su valor simbólico, porque, además de mercancías, son objetos hipersignificantes. En el pasado, sólo los objetos de culto (religioso o civil) y los objetos de arte tenían esa capacidad de agregar a su uso un plus de sentido que los volvía más significativos. Hoy, el mercado puede tanto como la religión o el poder: agrega a los objetos un plus simbólico fugaz pero tan potente como cualquier otro símbolo. Los objetos crean sentido más allá de su utilidad o de su belleza o, mejor dicho, su utilidad y su belleza son subproductos de ese sentido que viene de la jerarquía mercantil. No es indiferente que los objetos que ocupan el centro y la cima de la jerarquía sean más bellos (mejor diseñados) que los que forman la base y los escalones intermedios. Sin duda, el mercado no es una nave de locos que adjudica más puntaje a una etiqueta sin examinar sus cualidades. Pero, siempre, el puntaje de una marca, una etiqueta o una firma tiene otros fundamentos, además de sus cualidades materiales, de su funcionamiento o de la perfección de su diseño.

Todo esto se sabe. Sin embargo, los objetos siguen escapándosenos. Se han vuelto tan valiosos para la construcción de una identidad, son tan centrales en el discurso de la fantasía, marcan tan infamantemente a quienes no los poseen, que parecen hechos de la materia resistente e inabordable de los sueños. Frente a una realidad inestable y fragmentada, en proceso de metamorfosis velocísimas, los objetos son un ancla, pero un ancla paradójica, ya que ella misma debe cambiar todo el tiempo, oxidarse y destruirse, entrar en obsolescencia el mismo día de su estreno. Con estas paradojas se construye el poder de los objetos: la libertad de quienes los consumimos surge de la necesidad férrea que tiene el mercado de convertirnos en consumidores permanentes. La libertad de nuestros sueños de objetos escucha la voz del apuntador más poderoso y nos habla con ella.

El mundo de los objetos se ha ampliado y seguirá ampliándose. Hasta hace pocas décadas, lo que podía comprarse y venderse tenía una materialidad exterior que sólo excepcionalmente entraba en la intimidad de nuestros cuerpos. Hoy, no existe un territorio donde el mercado, en su imponente marea generalizadora, no esté plantando sus tiendas. Se sueñan objetos que modificarán nuestros cuerpos y este es el sueño más feliz y más aterrador. El deseo, que no ha encontrado un objeto que lo colme aunque sólo sea transitoriamente, ha encontrado en la construcción de objetos a partir del propio cuerpo el *non plus ultra* donde se unen dos mitos: belleza y juventud. En una carrera contra el tiempo, el mercado propone una ficción consoladora: la vejez puede ser diferida y, no es posible afirmarlo ahora pero quizás sí mañana, posiblemente vencida para siempre.

Si la vejez indigna de las mercancías expulsó la temporalidad de nuestra vida diaria (el tiempo de los objetos sólo pesa a quienes no pueden reemplazarlos por otros más nuevos), ahora se nos ofrecen objetos que alteran nuestro cuerpo: prótesis, sustancias sintéticas, soportes artificiales, que entran en el cuerpo durante intervenciones que lo modifican según las pautas de un *design* que cambia cada quinquenio (¿quién quiere los pechos chatos que se usaron hace diez años o la delgadez de la década del sesenta?). En el escenario público, los cuerpos deben adecuarse a la función perfecta, resistente a la vejez, que antes se esperaba de las mercancías. No hay motivos para rechazar esta tecnología quirúrgica imitando el escándalo con que las señoras honestas del novecientos se abstenían de teñirse el pelo. La cuestión no pasa por horrorizarse hoy ante intervenciones que nosotros mismos consideraremos inocentes dentro de una década. Sin embargo es necesario preguntarse qué busca una sociedad en estos avatares de la ingeniería corporal o del *design* de mercado.

¿Quién habla en nuestros sueños de belleza? ¿Qué pasará con nosotros si logramos no sólo prolongar la vida sino, sencillamente, abolir la muerte?

3. JÓVENES

El disfraz es un gran tema. En las discotecas, a la madrugada, los muy jóvenes interpretan, a su modo, un rito. Se trata del carnaval que todos pensaban definitivamente retirado de la cultura urbana. Sin embargo, el fin de siglo lo desentierra para salir de noche.

Que nadie se confunda: esa chica que parece una prostituta dibujada en una historieta de la movida española, es simplemente una máscara. Ella se ha disfrazado de prostituta pero sería un completo malentendido que se la confundiera con una prostituta verdadera (que, por otra parte, no se viste como ella sino en el estilo imitación modelo). Confundirla con una prostituta equivaldría a haber creído, en un carnaval de los años veinte, que la "dama antigua" o la "bailarina rusa" venían del siglo XVIII o de Rusia. Esa chica ha compuesto su cara y ha distribuido sobre su cuerpo una serie de signos que no significan lo que alguna vez significaron: la blusa negra transparente no es una blusa negra transparente, los labios morados no son labios morados, los pechos casi al desnudo no son pechos desnudos, tampoco las botitas militares son botitas militares, ni la minifalda brutal, pegada a las caderas y al pubis, es una minifalda. Esa chica ha elegido una máscara que usa a la madrugada; no es una versión del traje de fiesta de su madre, ni el resultado de la negociación entre un vestido de princesa y las posibilidades económicas de la familia. Ella no se viste adaptando una moda ajena a los gustos de las discotecas de la adolescencia, como se vestían las jovencitas del cincuenta para ir a tomar el té a una *boîte*, en el intento de ser reproducciones kitsch de sus madres o de las señoras del cine. Como su amigo (remera pintada a mano con colores más o menos rasta, tatuaje en el bíceps, aros), ella lleva un disfraz de discoteca en el que el humor disputa su terreno al erotismo.

La pura exterioridad del carnaval produce un efecto de superficie, donde todo está para ser visto por completo: es una moda que se propone desnudar, oponiéndose a su función tradicional de oscilar entre lo visto y no lo visto. El traje de fiesta es la apoteosis de la insinuación; el disfraz de discoteca realiza casi por completo un ideal de visibilidad total. El traje de fiesta no admite combinaciones fuera de su sistema: los zapatos, la cartera, las joyas, el perfume tienen que pertenecer a eso que el traje significa. El disfraz vive de cierta discontinuidad y su belleza sorpresiva proviene del arte de lo imprevisto, de la fantasía combinatoria más que del canon. Como la ropa hippie de los años sesenta, el disfraz de discoteca no rehuye la combinación de diferentes temporalidades y orígenes: retro punk, retro romantic, retro cabaret, retro folk, retro militar, retro Titanes en el Ring, retro rasta, gigolo, femme fatale, demi-mondaine, prostituta de Almodóvar. Como en el disfraz carnavalesco (que Madonna interpreta con deliberada fidelidad), el prefijo "retro" es un rasgo básico del estilo basado más en el reciclaje que en la producción de lo totalmente nuevo. La originalidad es sintáctica, evoca el *collage* y no rechaza una estrategia de *ready-made*.

La chica está vestida en dos tiempos: hay un contrapunto entre el cuerpo y su disfraz. La ropa no está elegida para favorecer al cuerpo, según un cálculo fácil que, antes, sólo permitía ciertas libertades a ciertos cuerpos, cuanto más perfectos más libres para elegir la moda que iba a cubrirlos. Por el contrario, la chica elige el disfraz y luego lo pone, por capas, por franjas, por pinceladas, sobre su cuerpo que debe aceptar el disfraz porque el disfraz es más importante que el cuerpo aunque el cuerpo se muestre generosamente. La chica no ha elegido sopesando lo que le queda mejor; se ha puesto el disfraz que le gusta más o, simplemente, el que debe llevar. La idea del carnaval se impone sobre otras ideas: en el carnaval, lo que favorece a la belleza de los cuerpos debe ceder frente al imperativo de que los cuerpos se muestren travestidos en el disfraz. Hay cosas que sólo se pueden ver en una discoteca; el vestido de fiesta, en cambio, se podía usar para ir a un teatro o a un casamiento.

Cuando cantaban en un teatro, las viejas estrellas del pop no se vestían de manera diferente: excepto por la sobrecarga del *glamour*, ni Doris Day ni Bing Crosby usaban un traje que los distinguiera de la idea que la moda occidental imponía en las pasarelas o las revistas. Cuando Gardel o Maurice Chevalier se vestían de gaucho o de *canotier* parisino quedaba claro que eso era sólo un plus decorativo que no podía ni debía pasar más allá de la escena.

Desde los años sesenta, la cultura rock, en cambio, hizo del traje una marca central del estilo. El rock fue más que una música y se movió desde un principio con el impulso de una contracultura que desbordó sobre la vida cotidiana. El rock identificó de modo extramusical: sostenida por la música, la cultura rock definió los límites de un territorio donde hubo movilización, resistencia y experimentación. La droga, que había sido un hábito privado de burgueses curiosos, poetas decadentes, dandies y exploradores de la subjetividad, fue parte de la cultura rock y, en ella, adquirió un carácter de reivindicación pública y de frontera transitable. Hasta hoy, en el imaginario colectivo, se la asocia a los jóvenes de un modo moralista y persecutorio. El rock fue un desafío juvenil (posiblemente el último) y no se equivocaron quienes señalaban su potencial subversivo fundado en la emergencia de ideologías libertarias. La rebeldía del rock anuncia un espíritu de contestación que no puede ser escindido de la oleada juvenil que ingresa en la escena política a fines de los sesenta. Podían no ser los mismos protagonistas, pero, incluso diferentes, incluso ignorándose unos a otros, eran parte de un clima cultural.

El rock cumplió uno de sus destinos posibles: ha dejado de ser un programa para convertirse en un estilo. La expansión tardía del rock en la cultura juvenil menos rebelde acompaña el reciclaje de mitos románticos, satánicos, excepcionalistas. Como estilo, el mercado recurre a él, saquea a sus padres fundadores, subraya lo que en ellos había de música pop. Este movimiento de asimilación no es, por lo demás, nuevo: está inscripto como una forma de circulación del rock desde sus comienzos. Hermanos y enemigos, el rock y el pop marcharon, incluso en los momentos de más alta calidad estética, por sendas que se cruzaban. Por eso hoy todo puede recurrir al rock, en la medida en que se ha convertido en una veta de la cultura moderna y sus aspectos subversivos se borran con la muerte de sus héroes o el más piadoso discurso (ecologista, naturista, espiritualista, new age) que adoptan los viejos sobrevivientes.

Convertido en un estilo (y esto también sucedió con las vanguardias históricas), todas las variantes de la cultura juvenil lo citan. Si el rock, como los hippies, encontró en el traje una marca de excepcionalidad, la idea del traje como diferenciación entre tribus culturales se despliega hoy en todas sus peripecias. Los rasgos de estilo aparecen y desaparecen: vuelven las camperas negras por una temporada, las luces y las sombras del punk pueden ser la onda de un maquillaje, las heridas de los *skin-heads* se reciclan en el tatuaje, el cuero desaloja al jean, el jean desaloja al cuero, jopos gelatinosos o nucas rapadas, chicos en el fondo un poco racistas visten remeras de Bob Marley. El traje llama con el esplendor de su estrepitosa obsolescencia y su arbitrariedad soberana.

Entonces, la chica de la discoteca testimonia la forma de una amnesia: pasa por alto el origen de los estilos que combina sobre su cuerpo. Su disfraz no tiene pasado (tampoco el traje de "bailarina rusa" quería decir baile folklórico o nacionalidad rusa): no la diferencia el significado de los elementos que combina, sino la sintaxis con que se articulan. Pura forma, su disfraz se distingue de la forma de la moda "legítima" porque no aspira a la universalidad sino a una fracción particular: marca su edad, su condición juvenil, y no su condición social ni su dinero. Con el disfraz, la chica cumple por completo el ciclo de algo que ya comenzaba a esbozarse en los cincuenta: el "estilo joven". La juventud no es una edad sino una estética de la vida cotidiana.

La infancia, casi, ha desaparecido, acorralada por una adolescencia tempranísima. La primera juventud se prolonga hasta después de los treinta años. Un tercio de la vida se desenvuelve bajo el rótulo, tan convencional como otros rótulos, de juventud. Todo el mundo sabe que esos límites, que se aceptan como indicaciones precisas, han cambiado todo el tiempo.

En 1900, esa mujer inmigrante que ya tenía dos hijos no se pensaba *muy* joven a los diecisiete y su marido, diez años mayor que ella, era un hombre maduro. Antes, los pobres sólo excepcionalmente eran jóvenes y en su mundo se pasaba sin transición de la infancia a la cultura del trabajo; quienes no seguían ese itinerario entraban en la calificación de excepcionalidad peligrosa: delincuentes juveniles, cuyas fotos muestran pequeños viejos, como las fotos de los chicos raquíticos. En este caso, la juventud, más que un valor, podía llegar a considerarse una señal de peligro (de este hábito se desprendió la criminología pero la policía lo cultiva hasta hoy).

Sin embargo, en 1918, los estudiantes de Córdoba iniciaron el movimiento de la Reforma universitaria reclamándose jóvenes; Ingenieros, Rodó, Palacios, Haya de la Torre creyeron hablar para los jóvenes y encontraron que el interlocutor joven podía ser instituido en beneficio de quienes querían instituirse como sus mentores. También se reconocían jóvenes los dirigentes de la Revolución Cubana y los que marcharon por París en el Mayo de 1968. A la misma edad, los dirigentes de la Revolución Rusa de 1917 no eran jóvenes; las juventudes revolucionarias de comienzos de siglo creían tener deberes que cumplir antes que derechos especiales que reclamar: su mesianismo, como el de las guerrillas latinoamericanas, valorizaba el tono moral o el imperativo político que a los jóvenes los obligaba a actuar como protagonistas más audaces y libres de todo vínculo tradicional.

Los románticos, en cambio, habían descubierto en la juventud un argumento estético y político. Rimbaud inventó, a costa del silencio y del exilio, el mito moderno de la juventud, transexual, inocente y perversa. Las vanguardias argentinas de la década del veinte practicaron un estilo de intervención que luego fue juzgado juvenil; en cambio, Bertolt Brecht nunca fue joven, ni Benjamin, ni Adorno, ni Roland Barthes. Las fotos de Sartre, de Raymond Aron y de Simone de Beauvoir, cuando apenas tenían veinte años, muestran una gravedad posada con la que sus modelos quieren disipar toda idea de la inmadurez que fascinaba a Gombrowicz; éramos jóvenes, dice Nizan, pero que nadie me diga que los veinte años son la mejor edad de la vida. David Viñas no era *muy* joven cuando, a los veintisiete años, dirigía la revista *Contorno*, donde la categoría de "joven" fue estigmatizada por Juan José Sebreli, dos o tres años menor que Viñas; cuando ellos hablaron de "nueva generación", el nombre fue usado como marca de diferencia ideológica que no necesitaba recurrir, para completarse, a una reivindicación de juventud.

Orson Welles no era *muy* joven cuando, a los veinticuatro años, filmaba *El ciudadano*; ni Buñuel, ni Hitchcock, ni Bergman hicieron alguna vez "cine joven", como Jim Jarmusch o Godard. Greta Garbo, Louise Brooks, Ingrid Bergman, María Félix, nunca fueron adolescentes: siendo *muy* jóvenes, siempre parecieron *sólo* jóvenes; Audrey Hepburn fue la primera adolescente del cine americano: más joven que ella, sólo los niños prodigio. Frank Sinatra o Miles Davis no fueron jóvenes como lo fueron The Beatles; pero incluso Elvis Presley no ponía en escena la juventud como su capital más valioso; mientras apasionaba a un público adolescente, su subversión era más sexual que juvenilista. Jimmy Hendrix nunca pareció más joven que el joven eterno, viejo joven, adolescente congelado, Mick Jagger.

Hasta el jean y la minifalda no existió una moda joven, ni un mercado que la pusiera en circulación. Mary Quant, Lee y Levis son la academia del nuevo diseño. Hasta 1960, los jóvenes imitaban, estilizaban o, en el límite, parodiaban lo que era, simplemente, la moda: así, las fotos de actores jovencísimos, de jugadores de fútbol o de estudiantes universitarios, no evocan, hasta entonces, la iconografía de monaguillos perversos o rockeros dispuestos a todo que ahora es un lugar común. Esa iconografía tiene sólo un cuarto de siglo. Las modelos de la publicidad imitaban a las actrices o a la clase alta; hoy las modelos imitan a las modelos más jóvenes; y las actrices imitan a las modelos. Sólo en el caso de los hombres, la madurez conserva algún magnetismo sexual. Madonna es un desafío original porque adopta la moda retro sin incorporarle estilemas juveniles: a partir de ella, hay un disfraz, que sólo usan los jóvenes y que complica el significado de las marcas de adolescencia sumadas a una moda que exhibe la acumulación de rasgos del último medio siglo.

Hoy la juventud es más prestigiosa que nunca, como conviene a culturas que han pasado por la desestabilización de los principios jerárquicos. La infancia ya no proporciona un sustento adecuado a las ilusiones de felicidad, suspensión tranquilizadora de la sexualidad e inocencia. La categoría de "joven", en cambio, garantiza otro *set de ilusiones* con la ventaja de que la sexualidad puede ser llamada a escena y, al mismo tiempo, desplegarse más libre de sus obligaciones adultas, entre ellas la de la definición tajante del sexo. Así, la juventud es un territorio en el que todos quieren vivir indefinidamente. Pero los "jóvenes" expulsan de ese territorio a los falsificadores, que no cumplen las condiciones de edad y entran en una guerra generacional banalizada por la cosmética, la eternidad quinquenal de las cirugías estéticas y las terapias *new age*.

La cultura juvenil, como cultura universal y tribal al mismo tiempo, se construye en el marco de una institución, tradicionalmente consagrada a los jóvenes, que está en crisis: la escuela, cuyo prestigio se ha debilitado tanto por la quiebra de las autoridades tradicionales como por la conversión de los medios masivos en espacio de una abundancia simbólica que la escuela no ofrece. Las estrategias para definir lo permitido y lo prohibido entraron en crisis. La permanencia, que fue un rasgo constitutivo de la autoridad, está cortada por el fluir de la novedad. Si es casi imposible definir lo permitido y lo prohibido, la moral deja de ser un territorio de conflictos significativos para convertirse en un elenco de enunciados banales: la autoridad ha perdido su aspecto terrible e intimidatorio (que potenciaba la rebelión) y sólo es autoridad cuando ejerce (como lo hace con indeseable frecuencia) la fuerza represiva. Donde antes podía enfrentarse la prohibición discursiva, hoy parece quedar sólo la policía. Donde hace unas décadas estaba la política, aparecieron luego los movimientos sociales y hoy avanzan las naves de las neo-religiones.

El mercado toma el relevo y corteja a la juventud después de haberla instituido como protagonista de la mayoría de sus mitos. La curva en la que se cruzan la influencia hegemónica del mercado y el peso descendente de la escuela representa bien una tendencia: los "jóvenes" pasan de la novela familiar de una infancia cada vez más breve al folletín hiperrealista que pone en escena la danza de las mercancías frente a los que pueden pagárselas y también frente a esos otros consumidores imaginarios, esos más pobres a quienes la perspectiva de una vida de trabajo y sacrificio no interpela con la misma eficacia que a sus abuelos, entre otras cosas porque saben que no conseguirán en ella ni siquiera lo que sus abuelos consiguieron, o porque no quieren conseguir sólo lo que su abuelos buscaban.

Consumidores efectivos o consumidores imaginarios, los jóvenes encuentran en el mercado de mercancías y en el de bienes simbólicos un depósito de obje-

tos y discursos *fast* preparados especialmente. La velocidad de circulación y, por lo tanto, la obsolescencia
acelerada se combinan en una alegoría de juventud: en
el mercado, las mercancías deben ser nuevas, deben tener el estilo de la moda, deben captar los cambios más
insignificantes del aire de los tiempos. La renovación
incesante que necesita el mercado capitalista captura
el mito de novedad permanente que también impulsa
a la juventud. Nunca como hoy, las necesidades del
mercado están afinadas de manera tan precisa al imaginario de sus consumidores.

El mercado promete una forma del ideal de libertad y, en su contracara, una garantía de exclusión.
Como se desnuda el racismo en las puertas de algunas discotecas donde los guardias son expertos en diferenciaciones sociales, el mercado elige a quienes van
a estar en condiciones de elegir en él. Pero, como necesita ser universal, enuncia su discurso como si todos en
él fueran iguales. Los medios de comunicación refuerzan esa idea de igualdad en la libertad que forma parte central de las ideologías juveniles bien pensantes,
donde se pasan por alto las desigualdades reales para
armar una cultura estratificada pero igualmente mag-
netizada por los ejes de identidad musical que se convierten en espacios de identidad de experiencias. Sólo
muy abajo, en los márgenes de la sociedad, este con-
glomerado de estratos se agrieta. Las grietas, de todos
modos, tienen sus puentes simbólicos: el video-clip y
la música pop crean la ilusión de una continuidad donde las diferencias se disfrazan en elecciones que parecen individuales y carentes de motivaciones sociales. Si
es cierto, como se ha dicho, que se ama a una estrella
pop con el mismo amor con que se sigue un equipo de

fútbol, el carácter transclase de estos afectos tranquiliza la conciencia de sus portadores, aunque ellos mismos, luego, diferencien cuidadosamente y con cierto placer snob a los negros de los rubios, según la lógica que también los clasifica en las puertas de las discotecas. El impulso igualitario que a veces se cree encontrar en la cultura de los jóvenes tiene sus límites en los prejuicios sociales y raciales, sexuales y morales.

La debilidad de pertenencia a una comunidad de valores y de sentidos es compensada por una escena más abstracta pero igualmente fuerte: las temas de un imaginario liso y brillante, aseguran que, precisamente, la juventud es la fuente de los valores con que ese imaginario interpela a los jóvenes. El círculo se cierra de manera casi perfecta.

4. Video-games

Entro en un local que tiene ruido de discoteca y luces de bar portuario. Los asistentes parecen salidos de un colegio, de una villa miseria o de oficinas donde trabajan en el umbral más bajo de la especialización y del salario; cada uno en lo suyo, las miradas no se cruzan jamás. De vez en cuando, uno u otro camina hacia el mostrador del fondo y realiza una transacción; quien los atiende desconfía de sus clientes, preferiría mantener sólo los contactos indispensables. Soy la única mujer en el local. Más tarde, entran dos chicas que parecen amigas de uno de los estudiantes.

Las paredes del salón están pintadas de colores ácidos, verde manzana, amarillo, violeta; contra estos planos de color rebotan las luces que cuelgan del techo y también reverberan algunos grafismos en neón, rayos, estrellas, espirales. Como sea, nadie mira ni las paredes, ni el techo; nadie tiene tiempo para desplazar la vista. Saben que hay poco para ver. El ruido de la música, una percusión que se repite sin variaciones detrás de una melodía brevísima, bien simple, que también se repite sin variaciones, está mezclado con otra serie de sonidos: silbidos, golpes metálicos, golpes asordinados, breves ondas eléctricas, matracas, acordes de sintetizador, tiros, voces irreconocibles, boing, tong, clash, la banda sonora de la historieta.

La luz cenital se mezcla con otras luces: destellos, rayitos, bruscas iluminaciones, oscurecimientos hasta un negro arratonado, cambios de planos de color, aureolas que rebotan contra las paredes y los cuerpos: son efectos de luz que se muestran a sí mismos, valen por lo que son y no por lo que dejan ver a su alrededor. Los efectos de luz son como cosas, llenan el local y lo convierten en una holografía. Sin la luz y el sonido, estaría vacío, porque, en verdad, sus muebles son esos efectos: el local es un escenario de luces donde cada metro cuadrado presenta una disposición nítidamente delimitada de colores y ruidos. Por eso, cada uno puede aislarse en lo suyo.

Si me coloco cerca de alguno de los asistentes, un poco de costado, para poder ver lo que está haciendo, su mirada no se desvía y esa falta de contacto me permite suponer que no lo molesto demasiado. Sus ojos están abstraídos en una pantalla, sus manos separadas levemente manejan las palancas y botones de un comando. A veces, un movimiento de cabeza me permite suponer la sorpresa, la contradicción o la alegría, pero, en general, son gentes poco demostrativas, ensimismadas, abstraídas en la configuración visual de la pantalla que cambia según los resultados instantáneos de sus actos o las decisiones inescrutables de los chips.

Cada tres, cuatro, cinco minutos, se vuelve al principio: algunas letras en la pantalla indican que, si bien todo parece idéntico e infinito, no es así, que el contador vuelve a cero y que hay que empezar a sumar de nuevo. Las máquinas son un *infinito periódico,* cada tanto termina un ciclo y recomienza otro ciclo básicamente igual pero, al mismo tiempo, caracterizado por variaciones. Como un infinito periódico, hipnotizan e inducen a que se persiga un límite inalcanzable después del cual el jugador vencería a la máquina.

Del otro lado del salón hay un mundo más arcaico. Tableros verticales y horizontales, armados según la estética pop de la gráfica de los años cincuenta, ofrecen una superficie poblada de obstáculos (hongos, puentes, hoyos, barreras, laberintos, arcos) por donde circula un bola de metal: avanza, retrocede y desaparece. Avanza, retrocede y desaparece, pero al hacerlo produce música: la música que juega el jugador con sus dos manos a los costados del plano horizontal, impidiendo que la esfera caiga en el pozo de donde ya no sale hasta que todo recomience una vez más. Observo que los jugadores golpean, inclinan, empujan las patas y los laterales de la máquina, que no se maneja sólo con las manos sino con todo el cuerpo. En el tablero vertical, las luces iluminan diferentes sectores, dibujos de animales, *midgets,* ruletas, naves espaciales, gorilas, selvas, playas, piscinas, mujeres, soldados, dinosaurios, deportistas. Los dibujos son verdaderos dibujos (a diferencia de las figuras geometrizadas de la mayoría de las pantallas); los sonidos también tienen algo de real porque la esfera en movimiento pega materialmente contra los hongos o las barreras de metal.

Estas máquinas (las que no tienen pantalla) recuerdan un casino: Las Vegas en un espacio de dos metros por uno. No quiero decir simplemente que máquinas así, y pantallas como las de la pared de enfrente, llenan los casinos de Las Vegas. Digo que cada una de estas máquinas sintetiza el ruido y la luz de un casino, la repetición, la concentración, el infinito periódico de un casino. Y, además, copian la estética de Las Vegas (o quizás mejor sería decir que Las Vegas y estas máquinas tienen la misma estética).

Doy una vuelta en U y llego a la salida. Allí, a cada lado de la puerta, hay dos grandes pantallas donde se reproduce un partido de pelota; igual que en la televisión, el resultado aparece en la base de la pantalla, identificando a los equipos por sus camisetas de colores. Un hombre mira, como yo, ese partido verdaderamente infinito y periódico, va hasta el mostrador, vuelve con una ficha, dispuesto a intervenir para cambiar el orden de la máquina.

He visto, en otro local como éste, un escenario al fondo, con escalera y cascada, un techo artesonado y pintado de oro, una fuente de la que brota agua verdadera. Probablemente en esos ambiciosos restos de decoración esté la metáfora que busco para entender el juego que se juega. Ese salón era un cine. Hoy, ese cine se ha dividido, como una imagen de televisión procesada por computadora, en más de cien cubículos. Donde la oscuridad y el silencio admitían sólo una superficie iluminada y sólo una fuente de sonido, ahora hay cien superficies y cien sonidos. Pero, nada tiene un futuro asegurado: en poco tiempo más, la realidad virtual irá barriendo las pantallas de video-game y sólo rockers nostálgicos o artistas del revivalismo jugarán en los pocos flippers que no hayan sido convertidos, como las viejas *juke-boxes*, en piezas de decoración retro pop.

Los locales de video-games, incluso los más lujosos que combinan Kitsch y climas East Side neoyorquino con escaleras de lata y mamparas de metal desplegado, o grafismos de publicidad posmoderna con los colores fluo que se usaban hace diez años, no evitan el "efecto tugurio". Más bien, lo soportan como una de las consecuencias de su escenografía. En los barrios, algunas madres junto a sus hijos parecen extrañamente fuera de lugar porque no saben cómo pararse, ni cómo evitar el rebote de luz o de sonido; han llevado a sus hijos a un lugar inevitable pero peligroso y creen que su presencia podrá salvarlos de la adicción que juzgan temible porque, precisamente, sustrae a sus hijos de los espacios imaginarios o reales donde se puede ejercer la vigilancia. Sus hijos, con los controles en la mano, son más diestros que ellas. Y también más inteligentes porque no se pierden en el laberinto gráfico que a ellas no les interesa porque no lo comprenden, o no comprenden porque no les interesa. Esas madres no atenúan el "efecto tugurio"; más bien lo subrayan: están allí como quien acompaña a un borracho a la taberna con el fin, inalcanzable, de que tome unas copas de menos.

Mucho más que la mecánica de los juegos, el "efecto tugurio" marca la presencia de una subcultura cuyos miembros valoran logros que el resto de la sociedad no considera tanto: por ejemplo, ganarle a la máquina, lo cual quiere decir no vencer a alguien teóricamente igual sino a algo realmente diferente; por ejemplo, ganar sin obtener otra recompensa que la simbólica. (Cuando, en los casinos, se le gana a las máquinas las recompensas son, obviamente, materiales. En algún local de video-games he visto cruzar apuestas, pero ello es francamente excepcional.) El "efecto tugurio" tiene, sin embargo, también algo de casino: cada jugador está aislado para definir su destino en un combate singular con la máquina, y es a la máquina, y no a los otros, a quien le demuestra su destreza, su impavidez, su picardía, su arrojo, su velocidad. Si es cierto que muchísimas máquinas admiten el desafío entre dos jugadores, lo más común, en los locales públicos, es el enfrentamiento de un jugador individual con su máquina. Como en el casino, algunos observadores pueden seguir a los más diestros o a los más afortunados, pero, también como en el casino, los modales adecuados imponen su regla de buen tono: no mirar de un modo que provoque que el otro se sienta mirado y, viceversa, no hacer los gestos de quien sabe que lo están mirando. El curioso intrusivo y el fanfarrón se distinguen negativamente en el paisaje de los video-juegos.

El "efecto tugurio" tiene que ver también con la presencia minoritaria de mujeres. Entran algunas siguiendo a sus novios; otras, las vocacionales, por lo general están frente a las pantallas de juegos geométricos, que son menos sorprendentes en la proliferación de sonidos pero imponen dificultades más intelectuales. El último tetris tridimensional presenta verdaderos desafíos a la previsión de configuraciones espaciales sobre tres planos y un cuarto eje temporal que pauta la velocidad de caída de los volúmenes. Como sea, las mujeres son pocas y nadie las mira. No se las ignora porque sean mujeres, sino porque el hábito induce a cruzar la menor cantidad de miradas sobre los espacios reales: los espacios reales embotan la mirada y le hacen perder la agudeza y el foco cercanísimo necesarios para ver bien los espacios de las pantallas. Obviamente, hay más mujeres en los locales de barrio (familiares, más chicos, más pobres en oferta técnica) y en los muy grandes videodromos del centro, que interrumpen la decadencia de algunas calles, antes tradicionales, con una decoración generosa y la presencia de guardias de seguridad, anunciados, en algunos casos, como uno de los servicios especiales que ofrece la gerencia del negocio. Cuando se descubre a alguno de esos guardias, el "efecto tugurio" queda reforzado inmediatamente.

Las máquinas están más allá de todo lo dicho. En verdad, son un ensamblaje de elementos de temporalidades diferentes: las palancas y los botones de control pertenecen a la era de la mecánica; las pantallas, a la de la digitalización de imágenes y sonidos. La combinación de esas dos tecnologías produce un híbrido más incongruente que el teclado de buen diseño de una computadora barata. Así, combatir contra esas máquinas requiere una suma de habilidades de distinto tipo: el manejo de las palancas y botones se inscribe en el orden de los reflejos corporales; pero lo que sucede en la pantalla y lo que se desea que allí suceda está dentro de un lógica extracorporal. Muchos de los juegos operan sobre las dificultades que produce esta heterogeneidad: ¿cuánto puedo acelerar mis reflejos corporales para lograr vencer la velocidad de los chip? ¿Qué nivel de dificultad admite, no mi previsión abstracta, sino mi capacidad física de transformarla en acciones que aparezcan en pantalla? Estas son las preguntas cruciales de todo buen jugador de video-game. Los malos jugadores (como decir: los malos bebedores, los que sólo toman para emborracharse) no intentan responder a estas preguntas. Se los descubre enseguida porque mueven la palanca como sonámbulos, aprietan los botones todo el tiempo, no se sujetan a la rapidísima lógica de efectos y consecuencias, no cambian de táctica; se encaminan hacia el fin del juego como hacia un destino inevitable que jamás logran diferir en el tiempo ni trasponer en un puntaje más elevado. Estos malos jugadores (una mayoría de todos los jugadores que he visto) son arrebatados por la velocidad de la máquina y creen que la velocidad del reflejo físico podrá alguna vez compensar la aceleración visual. Trabajan contra el tiempo. El buen jugador, en cambio, trabaja con el tiempo: es sólo lo suficientemente rápido, no más rápido de lo suficiente. Los malos jugadores van contra la lógica del juego que no reside *sólo* en la aceleración física sino en una teoría del encuentro (como la balística) entre la aceleración de los movimientos y la traducción de los reflejos en decisiones que aplacen el final. Buenos jugadores he visto excepcionalmente, pero ya han aparecido, en Estados Unidos, manuales de autoayuda. Los jugadores aprenden poco si se entregan al video-game como si fuera un programa de televisión un poco más participativo.

Existen máquinas que simulan una mala película y sus controles imitan pistolas o rifles. Aunque su tecnología sea más sofisticada, *conceptualmente* son la prehistoria del video-game. El realismo de las imágenes producidas por estos juegos es banal e increíble: banal porque traduce en íconos que imitan a otros íconos la original independencia icónica de las imágenes clásicas del video-game; increíble porque, en las leyes del video-game, sólo podría admitirse un realismo naturalista *perfecto* (como la realidad virtual) y no una aproximación torpe a imágenes más viejas que la tecnología que las hace posible. Pocos jugadores sutiles eligen estas máquinas, donde, además, las leyes son sencillísimas y la imitación aproximativa ofende la imaginación totalmente independizada de un referente "naturalista" que se luce en los juegos mejor diseñados. Por lo general, estas máquinas (como las que presentan partidos de fútbol en los que se enfrentan equipos realmente existentes) se encuentran en las entradas de los locales, para atraer a aquellos que no son verdaderos aficionados y que empiezan a jugar porque las máquinas les recuerdan otra cosa y no porque les dan algo totalmente nuevo.

Están también las máquinas que simulan la conducción de un auto en carretera o en pista. Diría que son las máquinas infantiles por excelencia. Didácticas, con leves cambios de programación podrían incorporarse a la escuela para enseñar a conducir respetando señales, acelerando como se debe en las curvas y evitando a los bólidos que en cualquier momento se tiran sobre uno. Multiplicadoras de una omnipotencia trivial, se adaptan a los deseos más previsibles. Su didactismo no enseña nada nuevo; la emoción que producen se origina en una variante hipertecnológica de los autitos chocadores. Los jugadores que no entienden la abstracción del video-game geométrico o la iconografía estilizada inventada por los Nintendo usan estos juegos, más afines al imaginario de mercado y a la publicidad televisiva que a la estética del videodromo.

Las máquinas clásicas (llamemos clásicas a las que como Pacman producen sus propios héroes) son las más originales. Ellas ponen de manifiesto la lógica de variación y repetición que es la ley del juego. Y también subrayan que el secreto está en un límite nítido entre ciclos de peripecias y vacío de sentido narrativo. En cada unidad, se gana o se pierde sin que se altere ningún relato; la progresión consiste en acumular puntos a favor o evitar el aumento de las dificultades por obturación de salidas posibles. No hay historia sino unidades discretas a cuyo término el jugador sabe si ha perdido o ganado. El video-game clásico rechaza la narración: el suspenso depende de las cuentas que la máquina y el jugador sacan después de cada cambio en la pantalla y de cada pulsión de botones o movimiento de palanca. Los juegos clásicos han estilizado personajes y objetos del imaginario de la historieta, del deporte o del film de acción, pero su verdad reside más en los personajes inventados. Porque está Pacman puede haber aviones, platos voladores, animales prehistóricos, karatecas y princesas prisioneras en otros video-games. Pacman y Tetris son el tipo ideal de semiosis a la que se adaptaron los personajes y objetos que llegan de los ámbitos extra-chip, y lo hacen mejor cuanto más pierden los rasgos que pertenecen a dimensiones gráficas o narrativas históricamente anteriores al video-game. Pero el futuro más próximo ya nos está anunciando que estos juegos clásicos serán desbordados por el cruce entre films y games. Entonces, precisamente, se reconocerá su calidad de clásicos.

Se ha dicho que los video-games son un "carnaval de significantes". Así se interpreta el vaciamiento de narración que realizan incluso aquellos juegos que, por su título y por el sistema de personajes, prometen una historia. En realidad, el cumplimiento de esa promesa deja indiferente al jugador que no comienza el juego para ver si éste le revela el desenlace de una ficción casi inexistente, sino para producir una desenlace *no ficcional* en su duelo con la máquina. Los signos que evocan personajes, oposiciones, jerarquías, enemigos y ayudantes (en un esperpéntico modelo estructural-folk-televisivo), prueban que se puede tener un sistema de personajes sin tener historia. Igualmente, hay acción sin narración en cada una de las unidades del juego: algo acerca los video-games al tedio de un infinito cíclico, como en un dibujo animado del gato y del ratón o del pájaro loco. No se necesita recordar la unidad anterior para pasar a la siguiente. Más aún, si el jugador se detuviera a recordar quedaría inmediatamente retrasado en la carrera que le impone el juego. Lo que sí existe, y los prospectos publicitarios que acompañan a los juegos lo presentan como argumento de venta, es un *tema*, generalmente fraseado desde la perspectiva del jugador que el prospecto convierte en primera persona: usted es un piloto de guerra que debe cumplir una misión, sobrevolando territorio montañoso desconocido, etcétera, etcétera. Hay, también, juegos "intelectuales" que se venden para las computadoras hogareñas y que cortejan la buena conciencia de sus usuarios a quienes se los invita a construir relatos completos y se les proporciona tiempo para pensar alternativas.

Tema sin narración, tema en estado primitivo antes de la peripecia, de los desvíos, de las líneas secundarias. Entonces: tema y significantes. En el medio, repeticiones organizadas en ciclos que exigen una performance cuya verdad no está en el enfrentamiento de personajes sino en el duelo entre jugador y máquina. En este sentido, el video-game clásico produce una trama no narrativa, compuesta por el encuentro de acciones físicas con sus consecuencias digitales. Muchos films imitan hoy, sin poder alcanzar del todo, ese vaciamiento de historia: donde la historia estuvo, se repite la peripecia. El video-game, como estos filmes, escinde narración y peripecia, personaje y narración, del conjunto que, tradicionalmente, los había unido.

Carnaval, entonces, de peripecias sin relato, propio de una época donde la experiencia del relato tiende a desaparecer: el video-game propone la ilusión de que las acciones podrán, alguna vez, modificar el infinito periódico que la máquina lleva inscripto y que presenta, ante el jugador potencial, en la primera pantalla del juego, donde sus alternativas se repiten indefinidamente. Como en el *zapping* televisivo, también aquí hay algo de esa combinación de velocidad y borramiento, que podría ser el signo de una época.

Capítulo II
EL SUEÑO INSOMNE

1. Zapping

La imagen ha perdido toda intensidad. No produce asombro ni intriga; no resulta especialmente misteriosa ni especialmente transparente. Esta allí sólo un momento, ocupando su tiempo a la espera de que otra imagen la suceda. La segunda imagen tampoco asombra ni intriga, ni resulta misteriosa ni demasiado transparente. Está allí sólo una fracción de segundo, antes de ser reemplazada por la tercera imagen, que tampoco es asombrosa ni intrigante y resulta tan indiferente como la primera o la segunda. La tercera imagen persiste una fracción infinitesimal y se disuelve en el gris topo de la pantalla. Ha actuado desde el control remoto. Cierra los ojos y trata de recordar la primera imagen: ¿eran algunas personas bailando, mujeres blancas y hombres negros? ¿Había también mujeres negras y hombres blancos? Se acuerda nítidamente de unos pelos largos y enrulados que dos manos alborotaban tirándolos desde la nuca hasta cubrir los pechos de una mujer, presumiblemente la portadora de la cabellera. ¿O esa era la segunda imagen: un plano más próximo de dos o tres de los bailarines? ¿Era negra la mujer del pelo enrulado? Le había parecido muy morena, pero quizás no fuera negra y sí fueran negras las manos (y entonces, quizás, fueran las manos de un hombre) que jugaban con el pelo. De la tercera imagen recordaba otras manos, un antebrazo con pulseras y la parte inferior de una cara de mujer. Ella estaba tomando algo, de una lata. Atrás, los demás seguían bailando. No pudo decidir si la mujer que bebía era la misma del pelo largo y enrulado; pero estaba seguro de que era una mujer y de que la lata era una lata de cerveza. Accionó el control remoto y la pantalla se iluminó de nuevo.

Uno, dos, tres, cuatro, cinco, seis, siete, ocho, nueve, cincuenta y cuatro. Primer plano de león avanzando entre plantas tropicales; primer plano de un óvalo naranja con letras negras sobre fondo de una gasolinera; plano general de una platea de circo (aunque no parece verdaderamente un circo) llena de carteles escritos a mano; primer plano de una mujer, tres cuartos perfil, muy maquillada, que dice "No quiero escucharte"; dos tipos recostados sobre el capó de un coche de policía (son jóvenes y discuten); un trasero de mujer, sin ropa, que se aleja hacia el fondo; plano general de una calle, en un barrio que no es de acá; Libertad Lamarque a punto de ponerse a cantar (quizás no estuviera por cantar sino por llorar porque un tipo se le acerca amenazador); una señora simpática le hace fideos a su familia, todos gritan, los chicos y el marido; un samurai, de rodillas, frente a otro samurai más gordo y sobre la tarima, al ras de la pantalla, subtítulos en español; otra señora apila ropa bien esponjosa mientras su mamá (no sabe porqué, pero la más vieja debe ser la madre) observa; Tina Turner en tres posiciones diferentes en tres lugares diferentes de la pantalla; después Alaska, iluminada desde atrás (pero se ve bien que es ella); una animadora bizca sonríe y grita; el presidente de alguna de esas repúblicas nuevas de Europa le habla a una periodista en inglés; dos locutores hablan como gallegos; Greta Garbo baila con una media en un hotel lujosísimo; Tom Cruise; James Stewart; Alberto Castillo; primer plano de un hombre que gira la cabeza hacia un costado donde se ve un poco de la cara de una mujer; Fito Páez se sacude los rulos; dos locutores hablan en alemán; clase de aerobismo en una playa; una señora bastante humilde grita mirando el micrófono que le acerca una periodista; tres modelos sentadas en un living; otras dos modelos sentadas frente a una mesita ratona; diez muchachos haciendo surf; otro presidente; la palabra fin sobre un paisaje montañoso; una aldea incendiada, la gente corre con unos bultos de ropa y chicos colgados al cuello (no es de acá); Marcello Mastroianni le grita a Sofia Loren, al lado de un auto lujoso, en una carretera; unos chicos entran corriendo a la cocina y abren la heladera; orquesta sinfónica y coro; Orson Welles subido a un púlpito, vestido de cura; Michelle Pfeiffer; un partido de fútbol americano; un partido de tennis, dobles damas; dos locutores hablan en español pero con acento de otro lado; a un negro le dan de trompadas en el pasillo de un bar; dos locutores, de acá, se miran y se ríen; actores blancos y negros en una favela hablan portugués; dibujitos animados japoneses. Acciona el control remoto por última vez y la pantalla vuelve al gris topo.

Al rato, enciende de nuevo porque son las diez de la noche. Un señor elegantísimo está sentado detrás de un escritorio, dice buenas noches y explica someramente lo que va a suceder a lo largo de dos horas de entrevistas con políticos y personalidades de todo tipo.

Después, una serie de planos muestran el decorado: plantas artificiales que simulan plantas naturales, y otras construcciones tipo ikebana, con penachos medio electrizados; focos cenitales; planos de muebles: sillones, aparadores, mesas y tacitas de café, macetas, arreglos florales; un cuadro moderno; otro cuadro; luces cenitales y de nuevo el señor que asegura que volverá en algunos minutos. Control remoto. Avisos: otra vez el baile de las blancas y los negros; ahora se ve bien que están en un paisaje caribeño. Control remoto: dos actores ponen cara de idiotas, juntan las cabezas y se miran. Avisos: un auto rueda por una carretera con paisaje montañoso. Un señor de cuarenta y pico abre la puerta de un departamento donde hay un chico de diecisiete y una chica de la misma edad, que se sobresaltan. Control remoto. Vuelve el señor elegantísimo; a derecha e izquierda se han sentado algunos políticos conocidos y una señora desconocida. Deja el control remoto sobre el brazo del sillón y se levanta. Desde la cocina puede escuchar el comienzo de la entrevista. Después de cinco minutos, el señor elegante se despide hasta después del corte comercial. Control remoto. Flash informativo. Avisos. Comedia de enredos. Serie policial. Avisos. Un señor gordo jadea mientras besa a una mujer dormida, que parece quejarse en sueños. Avisos.

Un hombre joven (especie de hermano mellizo de Richard Gere) termina de afeitarse y se tira una colonia brillante y gelatinosa sobre la cara y el pecho desnudo; una mujer joven, lindísima, se está vistiendo; el hombre, sin camisa, recorre su pent-house, va hasta el teléfono, se detiene distraído por algo, toma un saxo y empieza a tocar; la mujer ha terminado de vestirse, estilo formal elegante; el hombre sigue tocando el saxo en su pent-house; la mujer hace un mohín de contrariedad y sale a la calle; el hombre ya está en la calle con su coche y la intercepta; parece que se conocían. Una chica muy joven anda en camiseta y medias por el departamento que ocupa con su novio o marido; va hasta el dormitorio buscando algo; la cama está deshecha y él, recostado contra la pared, la observa sonriendo; de golpe, la chica levanta las sábanas y encuentra un saxo; se arrodilla sobre la cama y comienza a tocar. La fiesta está en su mejor momento; todo el mundo cruza miradas significativas y toma vasos de bebida con mucho hielo; de las botellas cae un líquido color miel que parece caramelo; de pronto, todos miran hacia un rincón de la sala porque un muchacho de saco blanco ha empuñado su saxo. El médico del film trabaja en un loquero, donde tiene que enfrentarse con los casos más enigmáticos, incluido el de un loco que, al parecer, ha llegado de otro planeta a mostrar la verdad de éste; en su casa, para distraerse de tantas preocupaciones, el médico también toca el saxo. Esta noche la televisión parece un inesperado homenaje a John Coltrane y Charlie Parker. En cualquier momento, el canal de video-clips pasa a Wayne Shorter.

Demasiadas imágenes y un gadget relativamente sencillo, el control remoto, hacen posible el gran avance interactivo de las últimas décadas que no fue producto de un desarrollo tecnológico originado en las grandes corporaciones electrónicas sino en los usuarios comunes y corrientes. Se trata, claro está, del *zapping*.

El control remoto es una máquina sintáctica, una moviola hogareña de resultados imprevisibles e instantáneos, una base de poder simbólico que se ejerce según leyes que la televisión enseñó a sus espectadores. Primera ley: producir la mayor acumulación posible de imágenes de alto impacto por unidad de tiempo; y, paradójicamente, baja cantidad de información por unidad de tiempo o alta cantidad de información indiferenciada (que ofrece, sin embargo, el "efecto de información"). Segunda ley: extraer todas las consecuencias del hecho de que la retrolectura de los discursos visuales o sonoros, que se suceden en el tiempo, es imposible (excepto que se grabe un programa y se realicen las operaciones propias de los expertos en medios y no de los televidentes). La televisión explota este rasgo como una cualidad que le permite una enloquecida repetición de imágenes: la velocidad del medio es superior a la capacidad que tenemos de retener sus contenidos. El medio es más veloz que lo que trasmite. En esa velocidad, muchas veces, compiten hasta anularse los niveles de audio y video. Tercera ley: evitar la pausa y la retención temporaria del flujo de imágenes porque conspiran contra el tipo de atención más adecuada a la estética massmediática y afectan lo que se considera su mayor valor: la variada repetición de lo mismo. Cuarta ley: el montaje ideal, aunque no siempre posible, combina planos muy breves; las cámaras deben moverse todo el tiempo para llenar la pantalla con imágenes diferentes y conjurar el salto de canal.

En la atención a estas leyes reside el éxito de la televisión pero, también, la *posibilidad estructural del zapping*. Los alarmados ejecutivos de los canales y las agencias publicitarias ven en el *zapping* un atentado a la lealtad que los espectadores deberían seguir cultivando. Sin embargo, es sensato que acepten que, sin *zapping*, hoy nadie miraría televisión. Lo que hace casi medio siglo era una atracción basada sobre la imagen se ha convertido en una atracción sustentada en la velocidad. La televisión fue desarrollando las posibilidades de corte y empalme que le permitían sus tres cámaras, sin sospechar que en un lugar de ese camino, por el que transitó desde los largos planos generales fijos hasta la danza del *switcher*, tendría que tomar de su propia medicina: el control remoto es mucho más que un *switcher* para aficionados.

El *switcher* es el arma de los directores de cámara: ellos, muchas veces sin ton ni son, aprietan botones y pasan de un punto de vista a otro; el control remoto es el arma de los espectadores que aprietan botones cortando donde los directores de cámara no habían pensado cortar y montando esa imagen trunca con otra imagen trunca, producida por otra cámara, en otro canal o en otro lugar del planeta. El *switcher* ancla a los directores de cámara en un decorado (el mostrador de los noticieros, el living de las modelos-animadoras, la pista y las gradas de los musicales, los patios y palacetes de las telenovelas). El control remoto no ancla a nadie en ninguna parte: es la irreverente e irresponsable sintaxis del sueño producido por un inconsciente posmoderno que baraja imágenes planetarias. Los optimistas podrían pensar que se ha alcanzado la apoteosis de la "obra abierta", el límite del arte aleatorio en un gigantesco banco de imágenes *ready-made*. Para pensar así, es necesario cultivar una indiferencia cínica ante el problema de la densidad semántica de esas imágenes.

El *zapping* suscita una serie de cuestiones interesantes. Está, por supuesto, el asunto de la libertad del espectador que se ejerce con la velocidad mercurial con que se recorrería un shopping-center tripulando un trasbordador atómico. Toda detención obliga a una actividad suplementaria: enlazar imágenes en lugar de superponerlas, realizar una lectura basada en la subordinación sintáctica y no en la coordinación (el *zapping* nos permite leer como si todas las imágenes-frases estuvieran unidas por "y", por "o", por "ni", o simplemente separadas por puntos). Viejas leyes de la narración visual que legislaban sobre el punto de vista, el pasaje de un tipo de plano a otro de menor o mayor inclusividad, la duración correlativa de planos, la superposición, el encadenado, el fundido de imágenes, son derogadas por el *zapping*. No se trata, como quería Eisenstein, del "montaje soberano", sino, más bien, de la desaparición del montaje, que siempre supone una jerarquía de planos. El *zapping* demuestra que el montaje hogareño conoce una sola autoridad: el deseo moviendo la mano que pulsa el control remoto. Como muchos de los fenómenos de la industria cultural, el *zapping* parece una realización plena de la democracia: el montaje autogestionado por el usuario, industrias domiciliadas de televidentes productivos, tripulantes libres de la cápsula audiovisual, cooperativas familiares de consumo simbólico donde la autoridad es discutida duramente, ciudadanos participantes en una escena pública electrónica, espectadores activos que contradicen, desde el control remoto, las viejas teorías de la manipulación, zapadores de la hegemonía cultural de las elites, saboteadores porfiados de las mediciones de rating y, si se presenta la ocasión, masas dispuestas a rebelarse ante los *Diktats* de los capitalistas mass-mediáticos.

Como sea, el *zapping* es lo nuevo de la televisión. Pero su novedad exagera algo que ya formaba parte de la lógica del medio: el *zapping* hace con mayor intensidad lo que la televisión comercial hizo desde un principio: en el núcleo del discurso televisivo siempre hubo *zapping*, como modo de producción de imágenes encadenadas sacando partido de la presencia de más de una cámara en el estudio. La idea de *zapar*, por casualidad semántica, evoca la improvisación sobre pautas melódicas o rítmicas previas; la idea de *zapada* televisiva conserva algo de la improvisación dentro de pautas bien rígidas. Entre ellas, la velocidad pensada como medio y fin del así llamado "ritmo" visual, que se corresponde con los lapsos cortos (cada vez más cortos) de atención concentrada. Atención y duración son dos variables complementarias y opuestas: se cree que sólo la corta duración logra generar atención.

En el camino, se ha perdido el silencio, uno de los elementos formales decisivos del arte moderno (de Miles Davis a John Cage, de Malevich a Klee, de Dreyer a Antonioni). La televisión, casi contemporánea de las vanguardias, utiliza de ellas procedimientos, jamás principios constructivos. No hay necesidad de atacarla ni de defenderla por esto: la televisión no mejora ni empeora porque tome en préstamo pocos o muchos procedimientos del arte "culto" de este siglo. Su estética es suya. La pérdida del silencio, del vacío o del blanco no afecta a la televisión porque el arte moderno haya realizado obras donde el silencio y el vacío mostraban exasperadamente la imposibilidad de decir y la necesidad de lo no dicho para que algo pueda ser dicho.

La pérdida del silencio y del vacío de imagen a la que me refiero aquí es un problema propio del discurso televisivo, no impuesto por la naturaleza del medio sino por el uso que desarrolla algunas de sus posibilidades técnicas y clausura otras. Ritmo acelerado y ausencia de silencio o de vacío de imagen son efectos complementarios: la televisión no puede arriesgarse, porque tanto el silencio como el blanco (o la permanencia de una misma imagen) van en contra de la cultura perceptiva que la televisión ha instalado y que su público le devuelve multiplicada por el *zapping*. El salto de canal es una respuesta no sólo frente al silencio sino también frente la duración de un mismo plano. Por eso, la televisión del mercado necesita de eso que llama "ritmo", aunque la sucesión vertiginosa de planos no constituya una frase rítmica sino una estrategia para evitar el *zapping*. Se confía en que el alto impacto y la velocidad compensarán la ausencia de blancos y de silencios, que deben evitarse porque ellos abren las grietas por donde se cuela el *zapping*. Sin embargo, habría que pensar si las cosas no suceden exactamente al revés: que el *zapping* sea posible precisamente por la falta de ritmo de un discurso visual repleto, que puede ser cortado en cualquier parte ya que todas las partes son equivalentes. La velocidad y el llenado total del tiempo son leyes no de la televisión como posibilidad virtual sino de la televisión como productora de mercancías cuyo costo es gigantesco y, en consecuencia, los riesgos de las apuestas deben reducirse al mínimo.

En todo esto se origina una forma de lectura y una forma de memoria: algunos fragmentos de imagen, los que logran fijarse con el peso de lo icónico, son reconocidos, recordados, citados; otros fragmentos son pasados por alto y se repiten infinitamente sin aburrir a nadie porque, en realidad, nadie los ve. Son imágenes de relleno, una marea gelatinosa donde flotan, se hunden y emergen los íconos reconocibles, que necesitan de esa masa móvil de imágenes justamente para poder diferenciarse de ella, sorprender y circular velozmente: las imágenes más atractivas necesitan de un "medio de contraste". Existen porque hay una infantería de imágenes que no se recuerdan pero pavimentan el camino. Las imágenes de relleno, cada vez más numerosas, no se advierten mientras existan las otras imágenes; cuando estas últimas comienzan a escasear, *zapping*. Todo esto tarda más en escribirse que en suceder.

Las imágenes de relleno se repiten más que las imágenes "afortunadas". Pero éstas también se repiten. Los admiradores intelectuales de la estética televisiva reconocen que la repetición es uno de sus rasgos y, con erudición variable según los casos, rastrean sus orígenes en las culturas folk, los espectáculos de la plaza pública, las marionetas, el *grand-guignol*, el folletín decimonónico, el melodrama, etc. No voy a detenerme en precisiones. Más bien convengamos rápidamente: la repetición serializada de la televisión comercial *es como* la de otras artes y discursos cuyo prestigio ha sido legitimado por el tiempo. Como el folletín, la televisión repite una estructura, un esquema de personajes, un conjunto pequeño de tipos psicológicos y morales, un sistema de peripecias e incluso un orden de peripecias.

Gozar con la repetición de estructuras conocidas es placentero y tranquilizador. Se trata de un goce perfectamente legítimo tanto para las culturas populares como para las costumbres de las elites letradas. La repetición es una máquina de producir una felicidad apacible, donde el desorden semántico, ideológico o experiencial del mundo encuentra un reordenamiento final y remansos de restauración parcial del orden: los finales del folletín ponen las cosas en su lugar y esto les gusta incluso a los sujetos fractales y descentrados de la posmodernidad. No es necesario reiterar todos los días lo que ya ha sido dicho veinte veces a propósito del folletín, sólo para buscarle a la televisión antecedentes prestigiosos que verdaderamente ni pide ni necesita. Se trataría más bien de preguntarse si los efectos estéticos de la repetición televisiva evocan más la serialidad de Alejandro Dumas que la del con justicia olvidado Paul Feval. Quiero decir: en el folletín decimonónico estaban Dumas y Paul Feval. Sé bien quiénes podrían ser los Paul Feval de la televisión, pero resulta más complicado encontrar sus Dumas. Si esta comparación es improcedente, habría que pensar que la comparación entre televisión y folletín del siglo XIX tampoco está bien ajustada. Hasta Umberto Eco piensa que Balzac es más interesante que los autores de *Dallas*; y, en realidad, sólo quien no vio *Dallas* o no leyó a Balzac podría imaginar una demostración en sentido contrario.

La novedad de la televisión es tal que habría que leerla en sus recursos originales. Comencé por el *zapping* porque allí hay una verdad del discurso televisivo. Es un modelo de sintaxis (es decir, de una operación decisiva: la relación de una imagen con otra imagen) que la televisión manejó antes de que sus espectadores inventaran ese uso "interactivo" del control remoto. La televisión realmente existente en el mercado comercial está obligada a una cantidad infinita de horas anuales: así como sus espectadores se ven requeridos por demasiadas imágenes, la televisión debe producir también demasiado. La relación *cualitativa* entre una imagen y otra, donde emerge una tercera imagen ideal que permite construir sentidos, es casi imposible en la línea ininterrumpida de montaje que el mercado exige de la televisión comercial. El azar del encuentro de imágenes no es, entonces, una elección estética que acerque la televisión al arte aleatorio, sino un último recurso adonde la televisión retrocede porque tiene que poner centenares de miles de imágenes por semana en pantalla.

La repetición serial es una salida para este cuello de botella: cientos de horas de televisión semanales (en los canales de aire y en el cable) son inmanejables si cada unidad de programa quisiera tener su formato propio. Lo que fue un rasgo de la literatura popular, del cine de género, del circo, de los cómicos de barraca, de la música campesina, del melodrama (todo el mundo se apura a recordarlo citando una vez más antecedentes cuya vejez garantiza el prestigio) es una respuesta obligada por el sistema de producción. La serie evita los imprevistos estilísticos y estructurales. En el teleteatro, el sistema binario de personajes permite construir relatos con la rapidez exigida por productores que graban tres o cuatro episodios por día: los actores saben perfectamente a qué atenerse, los escenarios responden a pocas tipologías bien identificables; los conflictos enfrentan fuerzas morales y psicológicas cuya previsibilidad sólo es interrumpida por la complicación de la peripecia que, por un lado, recurre a los tópicos clásicos y, por el otro, los actualiza con paquetes de referencias inmediatas que traen al teleteatro los temas de los noticieros. Sobre una misma trama de pasiones codificadas desde hace décadas, la nueva televisión de los últimos años aplica un zurcido de pedazos que nombran la realidad: corrupción de los políticos, SIDA, excesos sexuales, homosexualidad, negociados públicos y privados.

La estética seriada necesita de un sistema sencillo de rasgos cuya condición es el borramiento de los matices. El maniqueísmo psicológico y moral baja el nivel de problematicidad y cose las grietas de desestructuración formal e ideológica. Una moda de intelectuales que, hace ya algunos años, comenzó curioseando el Kitsch radial y teleteatral y luego terminó consumiéndolo, no alcanza para responder de manera convincente a las condenas de la cultura de masas, que la demonizaron muchas veces sin conocerla del todo. Al elitismo de las posiciones más críticas no debería oponerse su simétrica inversión bajo la figura de un neopopulismo seducido por los encantos de la industria cultural.

Los programas de misceláneas, los cómicos, los infantiles o los musicales encuentran en la repetición serial un cañamazo fuerte (una especie de fantasmal guión de hierro) sobre el cual la improvisación borda su repetición con variaciones. Esta novedad moderada es funcional a todo el sistema productivo, desde los guionistas hasta los actores; y económica porque, al permitir la repetición de decorados y vestuarios, garantiza una mínima inversión de tiempo. La televisión no renuncia de buena gana a lo que ya ha probado su eficacia y esto no se opone al flujo ininterrumpido de imágenes sino que, precisamente, lo hace posible. Los mejores y los peores programas pueden ser realizados dentro de módulos seriales: éstos, en sí mismos, no garantizan resultados. Aseguran, sí, un modo de producción donde la repetición compensa las lagunas de la improvisación actoral y técnica. Pero, aunque parezca odioso mencionarlo, la repetición banaliza las improvisaciones actorales y se convierte en una estrategia para salir del paso ajustada obedientemente a la avaricia del tiempo de producción televisivo. Como en cualquier otro arte, lo improvisado no es una cualidad sustancial sino un conjunto de operaciones técnicas y retóricas. Que sean los cómicos de televisión o los actores de teleteatro quienes cultiven con mayor constancia la improvisación habla más del modo de producción en condiciones de mercado que de la influencia de lo que fue una innovación teatral hace ya varias décadas. La improvisación televisiva responde a la lógica de la producción seriada capitalista antes que a la estética.

Los estilos televisivos llevan, muy evidentemente, las señales de un discurso serializado: comedias, dramas, costumbrismo, entretenimientos responden, más que a una tipología de géneros (el conflicto psicosocial, los avatares del sentimiento, el enigma del crimen, la presentación de la juventud, del baile y la música) a un *estilo marco*: el show, que tributa a sus orígenes en las variedades cómicas, musicales o circenses. El show planea sobre todas las demás matrices estilísticas: show de noticias, show de reportajes, show de goles, show nocturno político diferenciado entre show de medianoche y show de media tarde, show teleteatral, show infantil, show cómico, show íntimo de subjetividades. El denominador común es la miscelánea.

Este *estilo marco* funda la *televisividad*. Los políticos, por ejemplo, buscan construir sus máscaras según esa lógica y, en consecuencia, memorizar líneas de diálogo, gestualidades, ritmos verbales; deben ser expertos en las transiciones rápidas, los cambios de velocidad y de dirección para evitar el tedio de la audiencia. La destreza del político televisivo se aprende en la escuela audiovisual que emite certificados de carisma electrónico. La *televisividad* es una condición que debe ser dominada no sólo por los actores sino por todos los que aparecen en pantalla. Tiene la importancia de la fotogenia en las décadas clásicas de Hollywood. Asegura que las imágenes pertenezcan a un mismo sistema de presentación visual, las homogeiniza y las vuelve inmediatamente reconocibles. Permite la variedad porque sostiene la unidad profunda que sutura las discontinuidades entre los diferentes programas (la publicidad colabora ampliamente en esta tarea). La *televisividad* es el fluido que le da su consistencia a la televisión y asegura un reconocimiento inmediato por parte de su público. Si se la respeta, es posible alterar ciertas reglas: el tono de algunos intelectuales electrónicos, importado de la academia o el periodismo escrito, conserva el atractivo de la *televisividad* sin tributar a sus modelos más comunes. Ese tono hace valer su diferencia: frente al torbellino de todo el día, se abre el paréntesis calmo que desafía la "tiranía del tiempo" y demuestra que la televisión no expulsa, necesariamente, una hora de reflexión de vez en cuando, siempre que algunos rasgos se conserven: fuerte presencia icónica, movimientos de cámara arbitrarios pero a los que todos estamos habituados, imágenes digitalizadas, escucha atenta a la palabra del público, sentimentalismo.

La televisión comparte lo que antes ha impartido,

e imparte lo que ha tomado un poco de todos lados pero siempre según el principio de que así como el público es su mejor intérprete (de allí la fuerza del rating en la televisión de mercado), la televisión sabe de públicos por lo menos tanto como lo que el público sabe de televisión. Espejo democrático y plebeyo, espejo de la totalidad de los públicos que, además, ha comenzado a reflejar a cada uno de sus fragmentos, la televisión constituye a sus referentes como públicos y a sus públicos como referentes. ¿Cómo contestar a la pregunta acerca de si el público habla como los astros del *star-system* o éstos como su público?

Estos rasgos pueden proteger a los discursos televisivos de la discontinuidad del *zapping*: en todo momento, siempre uno sabe donde está y se puede abandonar un programa para pasar a otro con la garantía de que se entenderá qué sucede en el segundo. Votamos con el control remoto. La competencia entre canales es una disputa por ocupar el lugar (imaginario) donde el *zapping* se detenga. Con todo, las imágenes significan cada vez menos y, paradójicamente, son cada vez más importantes. Desde un punto de vista formal, la televisión, que parece una vencedora feliz de todos los discursos, llegó a una encrucijada.

2. Registro directo

Diálogo visto y oído, al atardecer, en un programa periodístico emitido por el canal estatal.

Animador: Este programa nos da sorpresas a cada rato. Acá viene una más grande todavía. La vamos a dar con todo cuidado. Este señor vino al canal y dijo que acababa de matar a una persona y que quería entregarse en cámara…

NN: No sé si lo maté. Peleamos y yo me defendí.

Animador: Cuénteme todo.

NN: Ayer a la tarde estábamos tomando unas cajas de vino con mi esposa y otros amigos, cuando algunos empezaron a burlarse de mi mujer porque tiene labio leporino. Y este muchacho empezó a tomarnos el pelo con la forma que habla mi señora. Le dije que no se metiera conmigo. Vea, yo soy una buena persona, me considero una buena persona. Por ahí, más de un vecino viene y le dice que no la va con mi carácter. Mi carácter, yo reconozco que es bastante fuerte mi carácter. Y le cuento que peleamos. Le di dos cachetazos y después peleamos. Eran tres más o menos, y yo era solo. No me acuerdo bien.

Animador: ¿Qué pasó entonces?

NN: Me pegaron, me patearon la cabeza. Me rompieron la boca. Mire cómo tengo el labio roto.

Animador: ¿Por qué se entrega? ¿Usted por qué viene acá?

NN: Y… no tenía dónde ir, y no me considero un asesino o…

Animador: ¿Pero mató a alguien o no?

NN: Y… yo lo lastimé. No sé si está vivo el pibe. Ojalá que esté vivo.

Animador: ¿Cree que lo mató?

NN: No sé, no…

Animador: ¿Con qué le pegó?

NN: Con un cuchillo.

Animador: Usted sabe que de acá se va a ir detenido.

NN: No importa, yo creo que hay justicia.

¿Qué diferencia este diálogo del que este hombre podría tener si hubiera ido a una comisaría? La pregunta es simple. Pero si acertamos la respuesta, damos en el clavo de porqué la televisión puede parecer un espacio más próximo que la comisaría del barrio, y el animador del programa alguien más confiable que un policía de guardia. Dejo de lado las razones más obvias: los sectores populares conocen bien la cara violenta de la policía. La cuestión no pasa sólo por allí. El tramo citado del programa reúne todos los rasgos de la "nueva televisión" o, como también se la ha llamado, "televisión relacional". Está, en primer lugar, el registro directo; luego, la presentación de una franja de vida, de manera más nítida de lo que hubiera soñado un escritor naturalista del siglo XIX o un escritor de *non fiction* de este siglo; en tercer lugar, el hecho de que un estudio de televisión parece más seguro, más accesible y a la medida del protagonista que las instituciones; finalmente, la permanente ampliación igualadora de la referencia, que produce en los espectadores la creencia de que todos somos, potencialmente, objetos y sujetos que pueden entrar en cámara.

Vayamos por partes. El registro directo es el límite extremo que ningún documental fílmico pudo alcanzar precisamente porque la tecnología del cine lo vuelve imposible. En el cine, el más directo de los registros siempre tiene una recepción diferida. Se podrá acortar al máximo el lapso entre la captación de la imagen y su proyección, pero siempre transcurre tiempo entre una y otra. Y este tiempo no es neutro. En su transcurso suceden operaciones técnicas (revelado, edición, copiado) en las cuales la imagen atraviesa un proceso de manipulaciones indispensables para que pueda ser vista como imagen fílmica. El hecho de que esas manipulaciones sean necesarias, abre un campo de dudas sobre manipulaciones, digamos, "innecesarias" atribuibles al azar o a la deliberación: cuánto negativo no imprimió y, en consecuencia, cuántas imágenes nosotros no estamos viendo pero sí fueron vistas por el director; qué cortes se introdujeron en la edición y por cuáles motivos: si parece inevitable el corte por motivos técnicos (una imagen demasiado borrosa o fuera de foco, por ejemplo), quién y cómo juzgó su validez. Pero además podemos suponer que se realizaron otros cortes por razones que nunca son explícitas del todo (el director pudo pensar que la escena era demasiado larga, que una panorámica sobre el paisaje era innecesaria, que tal distancia de los objetos los privaba del carácter vívido que tienen en los primeros planos finalmente elegidos). Un fotógrafo disconforme con la luz puede intervenir en el curso del revelado y de la copia, y nunca sabremos si lo hizo o no lo hizo, así como no podremos decidir si lo que estamos viendo en el film es exactamente lo que se imprimió en su negativo. En el lapso que va entre el registro del film y su proyección puede suceder todo y ese todo abre la posibilidad de la ficción, de las opiniones tendenciosas de quienes hicieron el film, de sus equivocaciones solucionadas en la sala de montaje. En esta distancia temporal nace la sospecha.

La televisión no se libra de sospechas si la trasmisión no es *en directo*. También sobre una cinta grabada se pueden realizar operaciones de edición, corrección de luz, sobreimpresiones, fundidos, armado de imágenes sin respetar el orden en que primero fueron captadas por la cámara. Pero, a diferencia del cine, la televisión tiene una posibilidad particular: *el registro directo unido a la trasmisión en directo*. Allí las manipulaciones de la imagen, aunque subsisten, no tienen al tiempo como aliado: lo que se ve es literalmente tiempo "real" y, por lo tanto, lo que sucede para la cámara sucede para los espectadores. Si esto no es exactamente así, porque se realizan intervenciones técnicas y estilísticas (iluminación, profundidad de campo, encuadre y fuera de cuadro, paso de una cámara a otra, interrupción del registro durante los minutos de publicidad), sin embargo, todo sucede *como si* fuera así: el público pasa por alto las posibles intervenciones y la institución televisiva refuerza su credibilidad en el borramiento de cualquier deformación de lo sucedido cuando se recurre al registro directo trasmitido en directo.

Entonces se genera una ilusión: lo que veo es lo que es, en el mismo momento en que lo veo; veo lo que va siendo y no lo que ya fue una vez y es retransmitido diferidamente; veo el progreso de la existencia y veo el paso del tiempo; veo las cosas como son y no las cosas como fueron; veo sin que nadie me indique cómo debo ver lo que veo, ya que las imágenes de un registro directo trasmitido en directo dan la impresión de que no fueron editadas. El tiempo real anula la distancia espacial: si lo que veo es el tiempo en su transcurrir, la distancia espacial que me separa de ese tiempo puede ser puesta entre paréntesis. Veo, entonces, *como si* estuviera allí. En sus comienzos, la televisión estaba limitada a este registro directo en directo, que no era una elección sino una constricción: desde las publicidades hasta los teleteatros, todo salía en vivo. El perfeccionamiento de las tecnologías que permiten grabar y emitir en diferido hizo posible el ensayo, la repetición de lo que había salido mal, la intervención de los editores, la experimentación con los formatos. El registro directo en directo dejó de ser una necesidad para convertirse en una elección que ponía de manifiesto lo que la televisión *puede hacer* y no lo que había estado obligada a hacer por razones técnicas.

Se puede, entonces, elegir entre un tipo de registro y otro, y entre la trasmisión directa y la diferida. El registro directo obligado de los comienzos de la televisión se ha transformado en una posibilidad nueva. En este punto adquiere otros valores y funciones. La ilusión de verdad del discurso directo es (hasta ahora) la más fuerte estrategia de producción, reproducción, presentación y representación de "lo real". Se tiene la impresión de que entre la imagen y su referente material no hay nada o, por lo menos, hay poquísimas intervenciones y esas intervenciones parecen neutras porque se las considera técnicas. Frente al registro directo se puede pensar que la única autoridad es el ojo de la cámara (¿cómo desconfiar de algo tan socialmente neutro como un lente?). En este punto, el registro directo parecer anular un debate de siglos sobre la relación entre mundo y representación.

Las consecuencias son muchas. Porque un lente está en las antípodas de la neutralidad. Y porque, incluso en el más directo de los registros, subsiste la puesta en escena, la cámara sigue eligiendo el encuadre y por tanto lo que queda fuera de cuadro, las aproximaciones y los alejamientos de cámara dramatizan o tranquilizan las imágenes, los sonidos en off proporcionan datos que se combinan con lo que muestra la imagen. Todo esto sucede aunque los que captan el registro no sean demasiado conscientes de sus elecciones: si ellos no deciden, la que decide es la ideología y la estética del medio que habla cuando los demás están callados.

El registro directo produce una verdad que se agrega al mayor poder de convicción que se adjudica a las imágenes sobre las palabras sin imagen. No hay ningún mal intrínseco en las imágenes; ellas tienen esa capacidad de parecer más inmediatas que cualquier otro discurso. En una cultura sostenida en la visión, la imagen tiene más fuerza probatoria porque no se limita a ser simplemente verosímil o coherente, como puede ser un discurso, sino que convence como verdadera: alguien lo vio con sus propios ojos, no se lo contaron. El registro directo pone al espectador en los ojos de la cámara y nadie tiene que contarle nada porque es *como si* hubiera estado allí. Incluso mejor, porque no hubiera podido acercarse de ese modo para captar una mueca imperceptible con la nitidez del primer plano, o quizás se hubiera distraído con detalles secundarios que la cámara ha sacado de cuadro.

Por eso, el hombre se acusa de asesinato frente a una cámara de televisión: como espectador quiere ocupar un espacio de verdad donde sus palabras sonarán más creíbles. Dice que confía en la justicia pero no ha ido a un juez para acusarse. De todas las instituciones, la televisión en directo le parece la más digna de confianza: nadie podrá tergiversar ni sus gestos ni sus dichos y, además, ningún policía podrá forzarlo a decir más de lo que quiere decir ni dejarlo incomunicado durante horas. La televisión se ha convertido en custodio de su *hábeas corpus*.

Los espectadores, por su parte, reciben lo que han buscado: no mayor verosimilitud (que es un producto de operaciones discursivas y retóricas) sino, directamente la vida. El *happening*, es decir, el suceso en su sucederse: tanto más valioso cuanto más desconfianza despierten otros sucesos públicos de los que no se conocen bien ni sus leyes ni sus actores, ni las normas de funcionamiento de sus instituciones (es decir todas aquellas prácticas que, como la política, no siempre pueden ser mostradas *mientras* suceden). En el *happening*, en cambio, la televisión construye un modo de presentación que amplía y mejora el realismo (con todo, bastante alto) de otros formatos: el *happening* trasmitido en directo se diferencia del registro directo en diferido tal como es utilizado habitualmente por los noticieros, en el hecho de que los registros directos de noticiero fueron pre-vistos por alguien en algún lugar del canal. La sintaxis de estos registros directos diferidos no se armó sola. En el *happening* de registro directo en directo, se produce la ilusión de que no hay narrador: los personajes se imponen sin el filtro de ninguna intermediación, excepto la intermediación institucional televisiva que, en este caso, busca borrar sus marcas.

Este *happening* en directo-directo es un trozo de vida que autoriza no sólo a sus propias imágenes sino, por procuración, a todas las imágenes televisivas. Su verdad es tan grande que desborda sobre otros registros directos en diferido y sobre registros que ni siquiera son directos. La verdad de la televisión está en el registro directo en directo, no sólo porque ésa sería su original novedad técnica sino porque en ella se funda uno de los argumentos de confiabilidad del medio: frente a la opacidad creciente de otras instituciones, frente a la complejidad infernal de los problemas públicos, la televisión presenta *lo que sucede tal como está sucediendo* y, en su escena, las cosas parecen siempre más verdaderas y más sencillas. Investida de la autoridad que ya no tienen las iglesias ni los partidos ni la escuela, la televisión hace sonar la voz de una verdad que todo el mundo puede comprender rápidamente. La epistemología televisiva es, en este sentido, tan realista como populista, y ha sometido a una demoledora crítica práctica todos los paradigmas de trasmisión del saber conocidos en la cultura letrada.

El pacto con el público se apoya en este *basismo ideológico* que nadie se atrevería a criticar desenterrando argumentos elitistas. La televisión es parte de un mundo laico donde no existen autoridades cuyo poder se origine sólo en las tradiciones, en la revelación, en el origen. Si funda otros mitos y otras autoridades no lo hace a través de una restitución del pasado sino por una configuración del presente y, quiérase o no, probablemente del futuro. La televisión tiende al igualitarismo porque, hasta el momento, su forma de competir en el mercado está basada sobre el rating. Y, aunque algunos publicitarios inteligentes opinen que, arriba de los diez puntos de rating, lo único que puede venderse es la electricidad necesaria para mantener encendidos los televisores y no las mercancías de los anuncios, el rating define las políticas de los canales de aire (y, con una estimación de público más preocupada por la fragmentación por sectores, también la de los canales de cable y la televisión codificada).

La "nueva televisión" se concentra en formatos como el *reality show* y los programas participativos: es decir, aquellos que, *por definición*, son imposibles sin público en el estudio y frente a las cámaras, a diferencia de un tipo más arcaico de programa que podía basarse en competencias entre miembros del público o podía admitir público en el estudio, pero no trasladaba estos recursos al resto de la programación. En la actualidad, por el contrario, hasta los programas de discusión política más reflexivos llevan público, reciben llamados telefónicos y sientan a la mesa a no expertos precisamente en su calidad de no expertos. Como en la repetida *boutade* de Andy Warhol, la televisión promete que todos entraremos en cámara alguna vez, porque no existen cualidades específicas sino "acontecimientos" que pueden llevarnos a la televisión y, a falta de "acontecimientos", nuestra calidad de ciudadanos es condición suficiente para estar allí. En este punto, la televisión comercial vive de un imaginario fuertemente nivelador e igualitarista. Pero no sólo de él.

Todos podemos estar frente a la cámara porque están allí figuras claves que operan como "anclas": si la televisión sólo nos mostrara a nosotros mismos se volvería una pesadilla hiperrealista. En cambio, ella también nos muestra sus astros, seres excepcionales que, al mismo tiempo, hablan una lengua completamente familiar y no evitan las banalidades cotidianas. "Cultura espejo" de su público mediada por el aura del *star-system*. En esta paradoja del democratismo televisivo, se funda una cultura común que permite reconocer a la televisión como un espacio mítico (allí están sus estrellas, que son las verdaderas estrellas de la sociedad de masas) y, *al mismo tiempo*, próximo: Venus en la cocina, la cocina de Venus. El público se tutea con las estrellas, o se dirige a ellas por el nombre de pila, confía en ellas porque están electrónicamente próximas y porque las estrellas, en lugar de basar su carisma en la lejanía y la diferencia, lo buscan en la proximidad ideológica y de sentimientos.

La televisión presenta a las estrellas y al público de las estrellas navegando en un mismo flujo cultural. Esta comunidad de sentidos refuerza un imaginario igualitarista y, al mismo tiempo, paternalista. El público recurre a la televisión para lograr aquellas cosas que las instituciones no garantizan: justicia, reparaciones, atención. Es difícil afirmar que la televisión sea más eficaz que las instituciones para asegurar esas demandas. Pero sin duda parece más eficaz, porque no debe atenerse a dilaciones, plazos, procedimientos formales que difieren o trasladen las necesidades. La escena televisiva es un frontón de pelota: el rebote puede no llegar adonde se desea, pero siempre hay algún rebote. La escena institucional, incluso la más perfeccionada, no tiene ni podría tener esta cualidad instantánea. La escena televisiva vive del impulso, mientras que la escena institucional cumple adecuadamente sus funciones si procesa con eficacia los impulsos colectivos. La escena televisiva es rápida y parece transparente; la escena institucional es lenta y sus formas (precisamente las formas que hacen posible la existencia de instituciones) son complicadas hasta la opacidad que engendra desesperanza.

Aunque pudiera demostrarse que no es mejor que las instituciones para lograr más seguridad o mejor servicio público, la televisión vive de lo que su público le lleva y, quizás, a corto plazo le dé algo de lo que ese público busca en ella. El presunto asesino que corre a un canal para autoinculparse percibe allí más garantías que en la institución policial: mayor velocidad de la máquina burocrática, mayor seguridad para su persona después de la publicidad del hecho, ayuda para la familia que quedará librada a su suerte mientras él esté preso, un abogado gratis y más interesado en su caso que el defensor de pobres que le proporcionaría el Estado. Paternalismo televisivo en una época donde el paternalismo político, en las grandes ciudades, ya no puede garantizar el intercambio de servicios que antes desplegaba en escenarios menos superpoblados. En lugar del caudillo político, que mediaba entre sus fieles y las instituciones, la estrella televisiva es una *mediadora sin memoria*, que olvida todo entre corte publicitario y corte publicitario, y cuyo poder no reposa en la solución de los problemas de su protegido sino el ofrecimiento de un espacio de reclamos y, también, de reparaciones simbólicas. Como los solitarios que van a buscar pareja a los programas de televisión, los olvidados y los rechazados buscan en ella la escucha que no encontraron en otra parte.

La televisión reconoce a su público, entre otras cosas porque necesita de ese reconocimiento para que su público sea, efectivamente, público suyo. La dinámica capitalista del medio pasa por alto todo lo que pueda diferenciar a la televisión del público y, en consecuencia, está impedida de desarrollar estrategias que sólo paguen a largo plazo (estrategias del tipo de las que encara la industria editorial o discográfica que vive en un equilibrio siempre inestable entre los gustos del mercado y el riesgo de una inversión cuyos réditos no sean inmediatos). El público, a su vez, encuentra en la televisión una instancia que las instituciones no parecen acordar a los marginales, a quienes atraviesan situaciones excepcionales, a los que carecen del saber necesario para manejarse en los zig zags de la administración, a quienes desconfían de la mediación política, a los que han fracasado en sus intentos de ser escuchados en otros espacios. La televisión juega a ser más transparente y, en este juego, responde a una demanda de rapidez, eficacia, intervención personalizada, atención a las manifestaciones de la subjetividad y particularismo que su público no encuentra en otra parte. Los sujetos televisivos aman la proximidad (aunque esa proximidad sea imaginaria) y la televisión les repite que ella, la única, está cerca. En la intemperie relacional de las grandes ciudades, la televisión promete comunidades imaginarias y en ellas viven quienes hoy son escépticos sobre la posibilidad de fundar o fortalecer otras comunidades.

Incluso, hay quienes piensan que el acto de compartir un aparato de televisión, instalado en el living o la cocina como un tótem tecnológico, une con nuevos lazos a los que se sientan frente a la misma pantalla. Video-familias a las que el debilitamiento de las relaciones de autoridad, paternidad y filialidad tradicionales habría arrojado al límite de la disolución, volverían a reunirse en el calor de la luz cromática. Es difícil decidir si esta bella ficción neoantropológica tiene alguna verdad más allá de sus buenas intenciones.

Sin embargo, no hay razón para desconfiar del hecho de que ciertos héroes de las subculturas juveniles hoy puedan ser conocidos y escuchados por los más viejos: la televisión los puso allí y, si ella lo hizo, los aseguró contra el potencial subversivo o simplemente antiadultos que tenían cuando sus semejantes estaban confinados a los films y a los discos. Así como la televisión tiende a atravesar las clases sociales, también atraviesa algunas fronteras de edad y de sexo: los programas para adolescentes son mirados por los niños y los viejos; los teleteatros pasan, levemente cambiados, a los horarios nocturnos; y, básicamente, las publicidades de la programación del día o de la semana se ven a cualquier hora y ponen en circulación, frente a públicos no específicos, imágenes específicas. La sintaxis aleatoria del *zapping* provoca el encuentro, aunque sea fugacísimo, entre un jubilado y un video-clip, entre un programa hogareño y un hombre que busca el show de goles planetario, entre un metalero y un pastor electrónico.

A algunas horas del día o de la noche, millones estamos mirando televisión en una misma ciudad o en un mismo país. Esta coincidencia de visión produce algo más que puntos de rating. Produce, a no dudarlo, un sistema retórico cuyas figuras pasan al discurso cotidiano: si la televisión habla como nosotros, también nosotros hablamos como la televisión. En la cultura cotidiana de consumo más fugaz, los chistes, los modos de decir, los personajes de la televisión forman parte de un cajón de herramientas cuyo dominio asegura una pertenencia; quien no las conoce es un snob o viene de afuera. Incluso las elites intelectuales, cuando no practican la condena y el retiro respecto de la televisión, encuentran simpático el cultivo de los clisés aprendidos mientras se mira televisión (para saber finalmente de qué se trata, ya que la mira todo el mundo, o porque el gusto por el Kitsch no se agotó del todo en los años sesenta). Los clisés de la televisión pasan como contraseñas a la lengua cotidiana, de donde, en muchos casos, la televisión los toma para devolverlos generalizados. La moda y los cambios en el *look* son hoy más televisivos que fílmicos: en las clases de gimnasia se enseña a modelar cuerpos femeninos como los que aparecen en la televisión; y también ella ha contribuido a legitimar las intervenciones quirúrgicas embellecedoras, proponiendo un espejo ideal donde las edades son cada vez más indecidibles. Todos estos avances de un proceso identificatorio no tienen a la televisión como único polo activo, sino que ella escucha lo que el público ha visto en la pantalla para volver a registrarlo, generalizarlo y proponerlo a una nueva escucha, y así sucesivamente en un círculo hermenéutico y productivo en el cual es difícil encontrar el punto verdaderamente original.

La sociedad vive en estado de televisión. Pero, contra la ideología neopopulista que encuentra en la pantalla la energía bajo cuyo influjo pueden restaurarse los lazos sociales que la modernidad ha corroído, sería necesario averiguar hasta qué punto la televisión necesita de una sociedad donde esos lazos sociales sean débiles, para presentarse ante ella como la verdadera defensora de una comunidad democrática y electrónica amenazada y desdeñada por quienes no escuchan sus voces ni les importan sus reclamos. No digo que esta ideología sea indispensable a la existencia de "cualquier" televisión; digo, más bien, que conviene a la que hoy conocemos: la mimesis de televisión y público no es, como probablemente no lo sea ninguna fusión completa, lo mejor que puede suceder al mundo en la posmodernidad. En esa sobreimpresión, la posibilidad de crítica a la televisión realmente existente queda obturada por la acusación de elitismo pasatista o de vanguardismo pedagógico.

Atada al espejo del rating, la televisión no puede sino proponer una cultura de espejo, donde todos puedan reconocerse. Y este "todos", precisamente, es el sujeto ideal televisivo: el número más amplio posible es el *target* de los canales de aire; la ampliación de las fracciones de público hasta incluir a todos los interesados potenciales es el objetivo de los canales de cable. Por el momento, aunque este rasgo no sea necesariamente para siempre, la televisión desea la universalidad o la saturación de los espacios fragmentados. Para conseguirlo, el nuevo modelo "relacional" o "participativo" se instala en las grietas dejadas por la disolución de otros lazos sociales y de otras instancias de participación. Allí donde la democracia complica los mecanismos institucionales y disuelve las relaciones cara a cara, la televisión ha encontrado un campo donde puede operar como medio a distancia que, paradójicamente, encuentra en la representación de la proximidad una de sus virtudes.

Desde todo punto de vista, la televisión es *accesible*: refleja a su público y se refleja en su público, como una estructura en abismo que confirmaría los rasgos barrocos que muchos creen descubrir en la condición posmoderna. La televisión es laica y democratista pero tiene, además, fuertes elementos de anclaje mítico. Repara la ausencia de dioses en este mundo, a través de un Olimpo de pequeños ídolos descartables, efímeros pero fuertes como semihéroes mientras posean la cualidad aurática que la televisión les proporciona. Frente a la aridez de un mundo desencantado, la televisión trae una fantasía a la medida de la vida cotidiana.

También opera en otro sentido difícilmente distinguible del primero: contribuye a la erosión de legitimidades tradicionales, porque habla de todo lo que su público desea y el deseo de su público se ha vuelto incontrolable para los principios que antes lo gobernaban o parecían gobernarlo. Mimética y ultrarrealista, la televisión construye a su público para poder reflejarlo, y lo refleja para poder construirlo: en el perímetro de este círculo, la televisión y el público pactan un programa mínimo, tanto desde el punto de vista estético como ideológico. Para producirse como televisión, basta leer el libro del público; para producirse como público, basta leer el libro de la televisión. Después, el público usa a la televisión como le parece mejor o como puede; y la televisión no se priva de hacer lo mismo. El mercado audiovisual, que a todos ficcionaliza como iguales, reposa sobre ese pacto que no es necesario a las posibilidades técnicas del medio sino a la ley capitalista de la oferta y la demanda. La relación de fuerzas es tan desigual (y tan satisfactoria) que nada cambiará salvo que desde afuera se intervenga sobre ella. Pero ¿quién querría hacerlo en estos tiempos de liberalismo de mercado y populismo sin pueblo?

3. Política

La televisión hace circular todo lo que puede convertirse en tema: desde las costumbres sexuales a la política. Y también reduce al polvo del olvido los temas que ella no toca: desde las costumbres sexuales a la política. La primera imagen que trasmitió la televisión argentina (y de ella básicamente he estado hablando a lo largo de estas páginas) fue una foto de Eva

Perón. Sucedió el 17 de octubre de 1951, durante una trasmisión experimental a la que, poco después, siguieron las emisiones regulares. No es sorprendente la elección de este primer ícono televisivo (aunque haya sido la imagen de alguien que no llegó a vivir en la era de la televisión): Evita era la política bajo su forma sexualizada y su fotogenia era apropiadamente televisiva. Con la imagen de Evita, la televisión argentina suscribió su primer manifiesto: todo lo que pase por una pantalla debe estar tocado por un aura. La imagen de Evita unía el aura del carisma a la de la juventud y la belleza. De allí en más, el camino hasta la actual política televisiva sería largo y sinuoso, pero en su origen tenía un gesto que, sin proponérselo, había sido doblemente fundador.

Hoy, la política es, en la medida en que sea televisión. No puede haber lugar para la nostalgia de pasadas (y probablemente hipotéticas) formas directas de la política. Todo lo que puede hacerse es la crítica más radical de la video-política realmente existente.

El deseo de una sociedad donde las relaciones sean perceptibles inmediatamente a todos sus integrantes, donde la comunicación entre ellos sea siempre sencilla y directa, donde no parezcan necesarios los dispositivos artificiosos de la política, es en el límite, un deseo anticultural. La televisión inventó, hace años, un personaje femenino, llamémoslo Doña Rosa, que sintetizaba hasta la exageración hiperrealista, este deseo. A Doña Rosa no le importa cómo se alcanzan sus objetivos; no le importa lo que otros padezcan como consecuencia de la atención de sus reclamos; no le importa los valores en juego, excepto cuando coinciden con la moral miniaturizada que profesa. Por eso doña Rosa niega la política que, precisamente, puede oponerse a este primitivismo darwiniano, propio de quien está en condiciones de sustentar con más fuerza y persistencia sus derechos (o lo que considera sus derechos).

Para doña Rosa la política deliberativa-institucional es un obstáculo y no un medio. Por eso, ataca a los políticos, desconfiando no sólo de sus intenciones sino, más radicalmente, de su existencia misma. Los políticos separarían a los sujetos de la materialización de sus necesidades. La política, por otra parte, es artificial, frente a los deseos de los sujetos que son considerados *naturales*. Doña Rosa participa de un sentido común que sólo por exageración paródica podría denominarse liberal: según ella, es ilegítimo cualquier sistema que no ponga en primer lugar la realización de lo que considera derechos individuales indiscutibles. Doña Rosa tiene un relación brutal con el Estado y las instituciones. Piensa, en primer lugar, que el hecho de pagar impuestos la faculta para ser juez en la asignación de partidas del presupuesto nacional. Ha visto demasiadas series norteamericanas en las que los ciudadanos afirman su derecho no por pertenecer a la comunidad nacional sino en su carácter de fuente de recaudación impositiva. Esta *concepción fiscalista de la ciudadanía*, en el límite, se contrapone a toda idea de igualdad: los que más pagan tendrían más derechos a reclamar y los que menos pagan deberían aceptar la *capitis diminutio* de su situación. Doña Rosa entiende poco de esto y además no le interesa. En realidad, su idea de ciudadanía está vinculada a lo económico más que a lo civil y político; está definida por el uso y no por el ejercicio; está centrada en los derechos, no en los derechos y deberes.

Doña Rosa sólo puede vivir en un mundo de política massmediatizada (aunque tiene abuelas entre la pequeñoburguesía de las novelas realistas del siglo XIX). La política que le interesa está construida por los comunicadores, el orden del día propuesto por los noticieros de televisión, la confiabilidad sustraída de los representantes para ser administrada por los líderes de los massmedia. A la cultura de la discusión parlamentaria, que Doña Rosa aborrece porque acusa al Parlamento de dilaciones insoportables, le sucede la de la mesa redonda televisiva donde los periodistas dictan cátedra (liberal, progresista, democrática o reaccionaria) a los políticos, y los políticos quieren pasar por menos inteligentes de lo que son, cuando son inteligentes; y por más honestos de lo que son, porque saben que el público ha aprendido con Doña Rosa casi una sola verdad: que los políticos son siempre corruptos.

Si hoy es imposible imaginar política sin televisión, se puede, sin embargo, imaginar cambios en la video-política: no hay ningún destino inscripto en la televisión del que no pueda escaparse. No es inevitable creer que los políticos son en sí mismos poco interesantes y, por consiguiente, deben convertirse al estilo televisivo si desean, en primer lugar, aparecer en pantalla, y en segundo lugar hablarles a sus conciudadanos como ellos quieren ser hablados. Dicho sea de paso, sería bueno que los políticos fueran los primeros convencidos sobre el punto, para que luego convenzan a sus asesores de imagen quienes, diligentes siervos-patrones, les indican a los políticos cómo, cuándo y qué decir en radio y televisión.

La identidad de los políticos no se construye sólo en los medios. Los políticos, entregándose del todo al llamado de la selva audiovisual, renuncian a aquello que los constituyó como políticos: ser expresión de una voluntad más amplia que la propia y, *al mismo tiempo*, trabajar en la formación de esa voluntad. Precisamente porque en la política hay poco de inmediato y mucho de construcción y de imaginación, puede decirse que es la política la que debe hacer visibles los problemas, la que debe arrancar los conflictos de su clausura para mostrarlos en una escena pública donde se definan y encuentren su resolución. Ahora bien, si los conflictos no son presentados por la política, los medios toman su lugar señalando otros caminos prepolíticos o antipolíticos para resolverlos. La política tiene un momento de diagnóstico y un momento fuerte de productividad. En ambos momentos la relación de los políticos y los ciudadanos necesita hoy de los medios como escenario, pero no necesita inevitablemente de los animadores massmediáticos como mentores. Si algunas cuestiones que son importantes para amplias mayorías se convierten en objeto solamente massmediático, el sentido de la política y de los políticos no aparecerá evidente para nadie.

4. Cita

Como todas las semanas a la misma hora, dos actores intervienen en un sketch de un programa cómico. El actor principal es rápido, astuto, fanfarrón y, al mismo tiempo, discreto. El otro lo acompaña, le da el pie para las réplicas ingeniosas, finge ser más listo pero demuestra siempre que comprende menos, aunque en realidad es quien lleva la responsabilidad del desarrollo del sketch. En la relación entre estos dos hombres diferentes (que en la vida real son estrechísimos amigos) surge lo cómico. El segundo actor prepara con una habilidad no ostentosa el terreno para la réplica final que corre por cuenta del primero; su misión, repetida semanalmente, es arar el terreno para que el chiste se produzca y el sketch termine en una explosión cómica. A veces interviene alguna mujer joven, semidesnuda, con quien se ensaya un repertorio banal, pero igualmente eficaz, de bromas, sobreentendidos y bocadillos de doble intención, miradas, manoseos y, según la noche, ofensas provocadas por la mezcla convencional de abundancia sexual e ingenuidad. Como siempre, la improvisación forma parte del efecto cómico y abundan las miradas hacia la cámara, las alusiones a lo que sucede en el fuera de cuadro, los olvidos fingidos o reales de la letra, las frases dichas a media voz con la intención de que sólo se escuchen a medias para demostrar que algo imprevisto (un subtexto más privado entre los dos actores) se desliza detrás de las líneas conocidas del sketch.

Esa noche, después de la mujer, entra en escena un tercer actor, mucho menos famoso que los dos primeros. En un clima general de improvisación aparentemente sin brújula, instalado por el protagonista y su acompañante, el tercer actor se cree autorizado a abandonar las réplicas que el guión le marca y responde, con una frase de su cosecha, a otra del protagonista, invadiendo el lugar del actor que habitualmente da el pie para el chiste final. Este, sin vacilar, lo corta en seco: "Segundo, sí; tercero, no".

La réplica, fuera de todo libreto, pone de manifiesto la existencia de una estructura dialogal fuerte que responde, a su vez, a una jerarquía de actores. Las cosas vuelven, por esa réplica, a su lugar habitual. En un sketch que abundaba en malentendidos, el segundo actor no dejó pasar el malentendido doblemente improvisado que le usurpaba su lugar. Los técnicos del canal festejan ruidosamente la resolución del microconflicto. Todo el episodio se sostiene en el *rasgo metaficcional* que el programa presenta como una de sus virtudes más originales. La réplica improvisada del segundo actor desnuda las leyes del sketch que, por lo menos en teoría, deberían permanecer ocultas. Sin embargo, mostrarlas como acostumbra hacerlo ese programa, en lugar de destruir la ilusión de lo cómico, la acentúa. Reímos del chiste que figura en el guión y reímos (más) de la mordacidad con la que un actor de tercera ha sido puesto en su lugar por un actor segundo, diestro, veloz y, además, amigo del protagonista: la jerarquía de los carteles queda al desnudo y, en lugar de producir una extrañeza que frustre el efecto cómico, lo subraya: hay dos chistes de los cuales reírse. El chiste improvisado (metaficcional, autorreflexivo porque se refiere a una jerarquía actoral previa al sketch) solicita nuestra complicidad y por tanto reconoce nuestra destreza en el manejo del repertorio semanal. Hay que saber muchas más cosas para entender el chiste improvisado que para reír con el chiste del guión. Quien se ría de "Segundo, sí; tercero, no" sabe bien cómo son las cosas en ese programa. Comprender la réplica aproxima a los actores (en este casos dos verdaderos ídolos televisivos) a nosotros, los espectadores, aunque, de algún modo, nos desvíe de la ficción cómica. Reímos *en* la televisión y no *con* ella.

Todos somos un poco de la tribu y la autoridad de quienes saben cómo son las cosas está repartida: ni el guionista, ni el director de cámaras, ni el primer actor pueden evitar que el segundo actor replique poniendo de manifiesto las leyes del programa. Pero, lo que es todavía más excitante, los espectadores nos damos cuenta de lo que está pasando, porque ese programa y muchos otros nos han enseñado no sólo su comicidad sino sus leyes de producción. Reímos con una risa doble: la de quien entiende el chiste y la de quien sabe por qué ríe.

La familiaridad de la televisión con su público y la proximidad imaginaria que el público establece con la televisión echa mano de un recurso que ofrece una garantía de transparencia: la *autorreflexividad*. La televisión muestra su cocina no sólo cuando lleva al público a los estudios o lo coloca frente a la cámara. Estas serían las visitas guiadas cuya función es la de aproximar pero no la de *interiorizar*. La autorreflexividad, en cambio, es la forma en que la televisión interioriza a su público mostrándole *cómo se hace para hacer televisión*. Lo que comenzó como recurso improvisado de algunos actores y animadores en una época donde la mayoría, en cambio, se esforzaba en ocultar las marcas de lo que se estaba haciendo y se empeñaba en presentar a la televisión como "cosa hecha", hoy es un rasgo de estilo ya clásico cuya productividad no se discute. La televisión se presenta a sí misma en directo (aun en los casos de trasmisiones diferidas) y, en consecuencia, no puede ni quiere borrar las señales de lo que es directo. Estas señales se han vuelto tan típicas que persisten en los programas grabados: todos los programas cómicos son autorreflexivos; los noticieros están repletos de comentarios autorreflexivos sobre la tarea realizada para conseguir las imágenes de la noticia; los programas periodísticos más serios incluyen mediciones de rating del propio programa, mirándose a sí mismos en el espejo de las elecciones del público; los animadores no vacilan en mencionar sus dificultades, los tropiezos organizativos, o los hechos que están teniendo lugar detrás de la cámara; los artistas invitados a los shows y sus presentadores se refieren a los momentos previos a la emisión, poniendo de manifiesto las condiciones de producción de lo que enseguida va a verse; el dueño de un canal puede irrumpir en medio de una toma y mostrar la verdad de su poder en pantalla. Es habitual ver el desplazamiento de una cámara que se dispone a captar un ángulo diferente; a nadie le importa demasiado, por otra parte, que se noten los reflectores o los micrófonos, en medio de un clima donde la improvisación de la puesta en escena se une a la legitimidad con la que se beneficia lo autorreflexivo: la televisión se nos muestra como proceso de producción y no sólo como resultado.

Si el registro directo da la impresión de que nadie está interponiéndose entre la imagen y su referente, o entre la imagen y el público, y lo que se ve en pantalla es una efusión misma de la vida, la autorreflexividad sólo en apariencia produce un efecto contradictorio con éste. Por el contrario, la autorreflexividad promete que el público (por lo menos en hipótesis) puede ver las mismas cosas que ven los técnicos, los directores, los actores, las estrellas: nadie manipula lo que se muestra, porque toda manipulación puede ser mostrada y de ella puede hablarse. La televisión se cuenta sola y al contarse es *sincera*. Nada por aquí, nada por allá: televisión de manos limpias. El uso desenfrenado de tecnicismos tales como pantallas partidas, virajes de color, sobreimpresiones, ralentis, efectos computados, que también caracteriza a la televisión realmente existente, se combina con la autorreflexividad sin anularla. Posiblemente éste sea uno de los milagros de la retórica televisiva de los últimos años: un "realismo" que asegura la presencia de la "vida" en pantalla; una alusión constante a cómo la "vida" llegó allí; y procedimientos discursivos para que la "vida" sea atractiva y no simplemente sórdida o banal.

La televisión nos quiere a su lado (a diferencia del cine, que necesita de la oscuridad, la distancia, el silencio, la concentración atenta, la televisión no necesita ninguna de estas situaciones ni cualidades). La autorreflexividad que, en la literatura es una marca de distancia, funciona en la televisión como una *marca de cercanía* que hace posible el juego de complicidades entre televisión y público. De todos los discursos que circulan en una sociedad, el de la televisión produce el efecto de mayor familiaridad: el aura televisiva no vive de la distancia sino de mitos cotidianos. Hay un sólo modo de aprender televisión: viéndola. Y es preciso convenir que este aprendizaje es barato, antielitista e igualador.

Por eso, la televisión no encuentra obstáculos culturales para realizar sus operaciones autorreflexivas. También por eso, la *cita* (que en la literatura o en la pintura plantean siempre la dificultad del reconocimiento) puede ser utilizada por la televisión sin preocupaciones: todos los espectadores entrenados en televisión están, en teoría, preparados para reconocer sus citas. Al hacerlo, participan de un placer basado en el lazo cultural que los une con el medio: la televisión los reconoce como expertos en televisión y por eso les proporciona esos momentos en los cuales el saber de los espectadores es indispensable para completar un sentido (cuando es preciso saber que se está hablando de un programa competidor, o se recurre a una frase hecha inventada en otro programa, o se menciona el argumento de una publicidad, o se entrevista a una estrella dando por sentado que el público conoce todo lo que ella hace en televisión).

La culminación de la cita es la parodia que hoy se usa como recurso fundamental de la comicidad televisiva: programas enteros, todos los días, parodian otros programas, sus títulos, los peinados de sus personajes, las formas de hablar, los tics actorales, *repiten sus repeticiones*. En el otro extremo del arco está la copia, que funciona como estrategia de los canales envidiosos del éxito de los programas competidores. La copia resulta menos interesante como recurso, porque su lógica de reproducción con variaciones es más inherente a la competencia en el mercado que a las formas discursivas.

La cita y la parodia, en cambio, son un plus de sentido. Para descifrarlo, es necesario conocer el discurso citado y reconocerlo en su nuevo contexto. Ambas operaciones deben ser inmediatas porque una cita o una parodia explicadas, como un chiste explicado, pierden todo efecto. La televisión vive de citarse y parodiarse hasta el punto en que la repetición del procedimiento llega a despojarlo de todo sentido crítico. La parodia televisiva es sencilla: opera con sentidos conocidos a los que somete a operaciones deformantes (caricatura, exageración, repetición); entre la parodia y lo parodiado se establece una distancia mínima (que garantiza el reconocimiento inmediato), regulada por un principio de repetición. Por eso, la televisión ha reciclado una especie que viene del teatro de revistas y estaba en vías de desaparición: los imitadores. La incertidumbre que la parodia introduce en otros discursos (como el literario) es aniquilada por la cercanía que la televisión establece entre la parodia a lo parodiado.

Muchas veces se han mencionado estas operaciones como prueba de la relativa sofisticación formal del discurso televisivo. Me gustaría coincidir con esta perspectiva, pero no puedo.

La televisión vive de la cita más por pereza intelectual que por otra cosa. Devora sus discursos, los digiere y los vuelve a presentar levemente alterados por la distancia paródica, pero no tan alterados como para que sea difícil reconocerlos y se produzca un instante de sentidos indeterminados. Este cultivo de la cita y la parodia se vincula más con los modos de producción televisiva que con una intención fuertemente crítica. Como la televisión se hace rápido, ella vuelve con inusitada frecuencia a lo que ya sabe: y lo que la televisión sabe es televisión. En países donde la televisión se produce con más tiempo o más dinero, la cita y la parodia de la propia televisión no son recursos que aparezcan con la frecuencia empleada en televisiones más pobres o más ávidas de ganancias fáciles e inmediatas. La hiperparodia es una falta de imaginación para producir otras formas de comicidad, de sátira, de estilización o de grotesco, antes que una muestra de la audacia creativa o crítica.

Con la parodia y la cita la televisión se recicla a sí

misma y hace de su propio discurso el único horizonte discursivo, incluso cuando opera sobre personajes o sentidos que no se originaron en el medio. En esos casos, la televisión los toma, primero, tal como aparecieron en la pantalla y sobre esta imagen realiza sus operaciones de deformación paródica. La televisión nunca da por descontado una existencia extratelevisiva: sus citas de lo extratelevisivo siempre son precedidas por una aparición audiovisual. Podrá decirse que este rasgo refuerza la comunidad del medio con su público, y su inherente democratismo. Podrá decirse que el reciclaje paródico produce "lecturas aberrantes", inestables, "turbulencias del sentido". Por mi parte, sostendría lo contrario. De las infinitas posibilidades de la cita, la parodia y el reciclaje, la televisión que conocemos trabaja con el nivel más bajo de transformación, para no obstruir indebidamente el reconocimiento del discurso citado y en consecuencia arriesgar el efecto cómico o crítico. Por lo general, la televisión se limita a magnificar los rasgos de lo parodiado, mostrándolos, por así decirlo, en primer plano. Básicamente, la parodia televisiva agranda hasta deformar, sin buscar detalles secundarios ni producir nuevas configuraciones a partir del discurso de base. En televisión, nunca es posible vacilar (salvo por ignorancia de materiales televisivos anteriores) sobre la naturaleza de una cita: se sabe de inmediato si es una copia o una parodia; se descarta, en general, la estilización, la ironía, el homenaje. Estos usos limitados de la cita no están inscriptos en el destino formal del medio, sino en una retórica que debe garantizar, siempre y en cada uno de los puntos, el tendido de un cable a tierra por el que puedan descender rápidamente todos los espectadores.

Se ha hablado mucho del reciclaje de géneros realizado por la televisión. Incluso investigadores sofisticados, al suscribir esta tesis, prometen ejemplos que la confirmarían. En general, esos ejemplos son siempre los mismos: publicidades que reciclan publicidades o imitan películas, y películas que exhibirían la influencia de la publicidad (que, antes, fue influida por otras películas). Cuando los ejemplos no son contemporáneos, todo el mundo recurre al servicial folletín decimonónico que habría encontrado su descendencia en el teleteatro; los más ingeniosos, buscan formas viejas de la comicidad popular que la televisión habría retomado después de su ocaso. Para encarar seriamente la discusión habría que diferenciar el reciclaje de formas propias (la televisión mirándose en la autorreflexión y la cita) de la recuperación de géneros literarios, musicales, circenses, etcétera.

El caso de los géneros literarios presenta una cantidad de problemas, entre ellos el de la traducción de un discurso escrito a uno visual y sonoro. Posiblemente, la televisión ha hecho mucho más que reciclar el folletín (y en este punto sus admiradores le hacen poca justicia). También ha hecho mucho menos, limitándose a la reproducción de un sistema de personajes, la subsistencia de un mundo de valores cortado en dos mitades simétricas, el enhebrado débil de las peripecias y la recurrencia a ciertos tópicos: el reconocimiento de padres, madres e hijos ignorados, perdidos o cambiados, en un típico nudo conflictivo que bordea muy frecuentemente el tabú del incesto; los obstáculos que la sociedad pone a la virtud y la riqueza al amor, y algunos otros. Si el valor de la operación televisiva sobre el folletín es éste, no hay inconveniente en convenir que ella ha sido eficaz en traer un género (que la radio ya había frecuentado) del siglo XIX hasta la actualidad. La televisión ha hecho justicia, admitámoslo, al folletín que las elites intelectuales despreciaron por prejuicios estéticos y sociales.

Las defensas de la televisión ya se han repetido demasiado: creo que sus potencialidades no deberían cerrarse con esta mezcla conocida de elegía y celebración por su caridad para recuperar géneros perdidos. El folletín televisivo está bien, cuando está bien. Y es malo (no importa cuánto reciclaje produzca) cuando no logra cumplir con los requisitos mínimos de la especie: suspenso, fuerte traba de lo personal y lo social, complicaciones inesperadas pero no totalmente inverosímiles (porque el folletín, si es que de folletín estamos hablando, es mínimamente realista), reiteraciones para anclar el interés y novedades para conservarlo. También existe una posibilidad, incumplida en la televisión que conozco: que la televisión produzca nuevos tipos de ficciones a partir del esquema básico de folletín.

Pero no puede decirse que la televisión es el único discurso que propone el reciclaje de géneros tradicionales ni la universalización de la parodia como casi único procedimiento cómico. Una red fina pero bien evidente comunica esta marca televisiva con formas extratelevisivas, incluso con algunas propuestas de circuitos aparentemente tan lejanos a la televisión como el *underground* teatral "joven".

Se ha producido un sistema de préstamos por el cual la televisión alimenta el *underground* y éste logra, más tarde, alguna forma de reconocimiento en la televisión. Así dicho, el circuito parecería ideal, casi una invención vanguardista para la república estética. Sin embargo, cuando el *underground* se hace "televisivo" (esto, en términos globales, quiere decir muy o exclusivamente paródico; muy o exclusivamente recomponedor de géneros tradicionales) convierte a sus marcas más desprejuiciadas en un estilo que encontró en la parodia el recurso hegemónico de la comicidad, la dramaticidad y la crítica. La televisión convoca a este *underground*, mejora su propia calidad y confirma un circuito de inspiraciones mutuas. Los defensores de este circuito evocarán la inspiración que las vanguardias encontraron en el arte de cabaret, de la caricatura o de la comicidad de feria, en el packaging y en la historieta. Me parece, sin embargo, que al trabajar estos rasgos de estilo las vanguardias no resignaban sus propias marcas: dentro de su escritura podían meterlo todo.

Para tomar un ejemplo especialmente problemático y donde la innovación se aproxima más a los procedimientos y la iconografía del mercado, demos un rodeo por el pop art. Desde el pop, el consumo de símbolos, marcas de estilo, íconos de los medios masivos no asusta a nadie. Se sabe que todo puede ser material estético (que, en un punto, todo comenzó a serlo con el arte moderno). Lo que el pop traía era la noticia (no escuchada precisamente por primera vez) de la muerte del arte y el ocaso de la subjetividad. Con alegría desprejuiciada, el pop se entregó al consumo y eligió lo que consume todo el mundo: sopas, fotografías de revistas, films, coca-cola, zapatos, cajas de jabón, historietas. Sobre estos restos apetecibles ejerció la mirada estética y la recomposición: series, magnificaciones, repeticiones, copias exactas, miniaturizaciones, *blow-ups*. Pero, incluso cuando parece más próximo a los objetos que adopta, de todos modos el pop ejerce sobre ellos algún grado de violencia simbólica: copiar exactamente una lata de sopa es distinto a parodiar el diseño de una lata de sopa. Aunque parezca lo contrario, la copia exacta presenta más problemas estéticos que su deformación porque impugna muy fuertemente la idea de que el arte transforma todo lo que toca y que el artista se define en la marca personal que deposita incluso sobre los objetos más banales. La copia exacta es, en su propia exactitud, una ironía.

El pop es imposible sin esta doble distancia: la que, por un lado, critica al arte consagrado que se origina en una línea de las vanguardias de este siglo; y la que, por el otro, cambia los usos de una lata de sopa o de un cuadro de historieta, para decir "esto se puede hacer con aquello". Consumista y celebratorio, el pop fue una gigantesca máquina de reciclaje y de mezcla, pero conservó la distancia que hizo posible, precisamente, la operación pop. Aunque su legado estético es menos interesante que el de las vanguardias anteriores, hay que reconocer que el pop lleva hasta un límite la afirmación de que los materiales artísticos son indiferentes. Para decirlo rápidamente: después del pop, nadie puede escandalizarse (ni asombrarse) por ningún reciclaje.

Cuando el *underground* se enamora de los mass-media, el bolero y la revista, recorre un camino que pocos impugnarían hoy y abre puertas que, en verdad, desde los años sesenta el pop había dejado abiertas. Pero las abre ante un público joven que, seguramente, no pasó por los escándalos mundanos y estéticos del pop.

El programa estético es más moderado que la libertad de ideas sobre la sexualidad, la violencia, la religión, las autoridades tradicionales o el travestismo, campos en los que el *underground* es temáticamente audaz y consigue efectos "progresistas" (aunque el adjetivo no sea muy popular hoy en día).

Probablemente por eso, la industria audiovisual (que, créase o no, siempre supo que había que cuidar más las formas que las ideas) puede adoptar la parodia que le trae el *underground* sin grandes conflictos. Como el imperialismo blanco en el siglo pasado, la televisión no reconoce fronteras: allí su fuerza.

CAPÍTULO III

CULTURAS POPULARES, VIEJAS Y NUEVAS

En un pueblito de montaña, su protagonista me cuenta la siguiente historia: "Hace tres noches, me robaron el zaino de gran alzada, no el que traigo siempre acá, sino el otro, un caballo grande, de más de uno setenta, o casi. Se lo había prestado al cuñado de mi hermana, que se quedó sin caballos, porque los vendió para techar la casa, la que usted conoce, en el filo de la loma, antes de llegar a la ruta y a las canchas de tenis. Ahí estaba el caballo, el cuñado de mi hermana no tiene buenos perros, atado con una cadena. Se lo llevaron y dejaron la cadena. Por eso no me vio esto días; salimos a buscarlo, porque un amigo me dijo que seguramente era un grupito de traslasierra, que lo hacen de maldad, para andarlos un rato y si pueden, después, los venden, pero en general no los venden, porque son de traviesos nomás, pero traviesos mal encarados y, además, a mis caballos acá los conoce todo el mundo así que para vender el zaino se tenían que ir bien lejos. Lo buscamos todo el día y, a la tardecita, me volví. Estaba desensillando cuando viene mi amigo, con el cuñado de mi hermana que ya se había ido para su casa, y mi amigo lo paró por el camino. 'Vieron tu caballo', me dice, 'cerca del dique'. Yo a la policía no fui a avisar porque nada más que llenan los papeles. Ensillo de nuevo y salimos con los perros míos, que algo pueden rastrear; en un potrero, como le habían dicho a mi amigo, en la costa del río, justo antes del dique, allí estaba el zaino, todo lastimado. Seguramente le habían hecho pechar un alambrado o correr alguna carrera entre ellos, pura maldad. No muy lastimado, pero lastimado en la paleta y también le faltaba una herradura, yo lo había calzado la semana pasada. Después, ayer a la tarde, volvió mi amigo y me dice: 'Antes de anoche, vieron tu caballo en una fiesta del otro lado del dique, en la villa; una fiesta grande, algo de casamiento; el que lo vio, creyó que lo habías prestado, porque lo montaron en el desfile para llegar a la iglesia y después en la fiesta'. Se ve que lo abandonaron cuando terminó el baile, llegaron borrachos, lo anduvieron por demás. Mi amigo me dice: 'Me prometieron conseguirte el video de la fiesta; allí se tiene que ver bien tu caballo'. Así que ahora estoy esperando el video, para reconocerlo al tipo; la policía no me va a poder decir que quién sabe el que me robó el caballo, y que por eso no lo busca. El conocido de mi amigo le prometió el video para esta tarde. Yo lo que quiero es que me paguen la andada del caballo, dos días enteros, y la andada de los otros caballos buscando, y el coste de las lastimaduras, pobre animal, quién sabe cómo salió en el video. Usted vio que es un caballo de lo más aparente, pero justo hace quince días lo había tusado. Los muchachos del cable me dijeron de pasar el video en el noticiero de la tele de acá, para que la gente se ande precavida de esos ladrones. Después mire si vendo el caballo, que va a ser conocido. Seguro le saco buen precio".

Se ha dicho que el interés por las culturas populares es contemporáneo al momento de su desaparición. Antropólogos, historiadores, sociólogos, críticos, estudian algo que ya casi no existe como existió en un pasado no demasiado remoto: no hay culturas campesinas o, por lo menos, no hay culturas campesinas incontaminadas, salvo en regiones extremadamente pobres donde el capitalismo se ha dedicado sólo al usufructo y la destrucción. Las culturas urbanas son una mezcla dinámica, un espacio barrido por los vientos de los mass-media; lo que, en algunos países, fue cultura obrera ha sido erosionada por las transformaciones productivas, los sindicatos de nuevo tipo, el desempleo, la conversión de miles de obreros en empleados de servicios y, por supuesto, el denominador universal de los medios de comunicación. Culturas populares: no existe ese artefacto en estado puro.

"Hibridización", "mestizaje", "reciclaje", "mezcla" son las palabras que se usan para describir el fenómeno. Los sectores populares ya no viven limitados al espacio físico del barrio, de la villa miseria o de la fábrica. Por encima de las casas, en las pendientes barrosas ocupadas por las favelas, a lo largo de los pasillos de las villas, en los monobloques deteriorados, las antenas de televisión tienden las líneas imaginarias de una nueva cartografía cultural. El hermetismo de las culturas campesinas, incluso la miseria y el aislamiento de las comunidades indígenas, ha sido roto: los indígenas han aprendido velozmente que, si quieren ser escuchados en la ciudad, deben usar los mismos medios por los cuales ellos escuchan lo que sucede en la ciudad. Vestidos con sus trajes tradicionales modernizados por el nylon y el jean, calzando zapatillas y protegiendo sus sombreros con bolsas de plástico, protestan en la plaza pública pero llaman a la televisión para que su protesta sea vista. Hay que descartar toda idea que asimile lo que está sucediendo a lo que ocurrió en el pasado: si es cierto que difícilmente se pueda evocar una época en que las culturas populares vivían en universos absolutamente clausurados, lo que hoy está sucediendo tiene una aceleración y una profundidad desconocidas.

Las culturas populares ya no escuchan, como privilegiada voz externa, a las autoridades tradicionales: la Iglesia o los sectores dominantes más en contacto con el mundo popular, intelectuales de viejo tipo, políticos paternalistas, caudillos, patrones semifeudales. El agrietamiento de las tradiciones tiene un efecto liberador, democrático y laico respecto de autoridades y rasgos culturales arcaicos. Los curas y los señores tuvieron que competir primero con los sindicatos, con la escuela y con los políticos; hoy todos tienen que competir entre sí y con los mass-media. La Iglesia se preocupa por los pastores electrónicos, que llegan adonde no llegan sus ministros, y por las sectas que operan con el estilo y el *appeal* de la televisión; los políticos tradicionales se preocupan por el creciente escepticismo con que sus palabras son recibidas en las comunidades donde antes dictaban la ley, porque los medios han permitido escuchar otras palabras y ver otras caras. La escuela, empobrecida material y simbólicamente, no sabe cómo hacer para que su oferta sea más atractiva que la de la cultura audiovisual.

Donde llegan los mass-media, no quedan intactas las creencias, los saberes y las lealtades. Todos los niveles culturales se reconfiguran cuando se produce un giro tecnológico de la magnitud implicada en la trasmisión electrónica de imágenes y sonidos. Hoy, la ciudad está en el mundo rural no en ocasión de la visita de un caudillo, un cura o un mercader de folletines, sino siempre y sincrónicamente: el tiempo de la ciudad y el del espacio campesino, que estuvieron separados por distancias que el ferrocarril, los diarios y los libros reducían semanalmente, ahora son tiempos sincronizados. Y dentro de la ciudad, el mismo tiempo corre a través del sistema linfático de los mass-media para ricos y pobres, desempleados y miembros del jet-set, ancianos y jóvenes. La unidad nacional necesita tanto de la comunicación mediática como antes necesitó del correo, de los ferrocarriles o de la escuela. Con la televisión todas las subculturas participan de un espacio nacional-internacional que adopta características locales según la fuerza que tengan las industrias culturales de cada país. Esto, que preocuparía a los viejos populistas, no perturba a los neopopulistas de mercado que encuentran en cada uso local de los estilos internacionales o nacionales una prueba irrefutable del incesante palimpsesto que los sectores populares escriben con los materiales que les llegan desde el aire. Mi amigo, que piensa atrapar al ladrón de caballos después de identificarlo en el correspondiente video, es el héroe ideal para una épica neopopulista.

Sin embargo, todavía no ha llegado el reino de la independencia y la igualdad simbólica. Los mass-media erosionan viejos poderes, pero difícilmente quieran ni puedan sentar las bases para la construcción de nuevos poderes autónomos. Son como el perro del hortelano: no dejan comer al viejo amo, pero tampoco pueden soportar que la gente prepare su propia comida y ahora todas las dietas cuentan con un fondo de cocina audiovisual. Las culturas populares, entonces, atraviesan una larga transición de la que es difícil realizar un balance. Sabemos lo que se perdió, pero nadie puede estar igualmente seguro de todo lo ganado desde que los medios audiovisuales implantaron su hegemonía. Entre lo que se perdió, hay que contabilizar identidades cristalizadas y viejos prejuicios; hoy es habitual que se condenen actitudes (como el machismo o la violencia privada) que parecían pertenecer a la naturaleza de las cosas. Entre lo que se perdió, también hay que contar la obediencia ciega a tipos tradicionales de dominación simbólica (la del caudillo, la del señor, la del cura, la del padre, la del maestro). Como se ve por la enumeración, no toda obediencia tenía las mismas consecuencias para quienes obedecían: la escuela, sin ir más lejos, fue un factor esencial de modernización liberadora de los sectores populares que comprendieron desde un principio el valor del saber y supieron valerse de ella, librándose de la pinza determinista que convierte a toda trasmisión de saber en la imposición de un poder. La debilidad actual de la escuela, que no puede distribuir saberes básicos de modo mínimamente aceptable, es uno de los peores obstáculos para la construcción de una cultura común que no se apoye solamente en la comunidad imaginaria que producen los medios de masas.

Quedaron sueltas también las valencias liberadas en un proceso de transformación de las identidades populares tradicionales, cuyas fisonomías ya habían sido limadas por los procesos de modernización. La cultura de los medios convierte a todos en miembros de una sociedad electrónica que se presenta imaginariamente como una sociedad de iguales. En apariencia, no hay nada más democrático que la cultura electrónica cuya necesidad de rating la obliga a digerir, sin interrupciones, fragmentos culturales de los orígenes más diversos. En los medios, todo el mundo puede sentir que hay algo propio y, al mismo tiempo, todo el mundo puede fantasear que lo que los medios le ofrecen es objeto de apropiación y de usufructo. Los miserables, los marginados, los simplemente pobres, los obreros y los desempleados, los habitantes de las ciudades y los campesinos, encuentran en los medios una cultura donde cada cual reconoce su medida y cada cual cree identificar sus gustos y deseos. Este consumo imaginario (en todos los sentidos de la palabra imaginario) reforma los modos en que los sectores populares se relacionan con su propia experiencia, con la política, con el lenguaje, con el mercado, con los ideales de belleza y salud. Es decir: todo aquello que configura una identidad social.

Las identidades tradicionales eran estables a lo largo del tiempo y obedecían a fuerzas centrípetas que operaban tanto sobre los rasgos originales como sobre los elementos y valores impuestos por la dominación económica y simbólica. Hoy, las identidades atraviesan procesos de "balcanización"; viven un presente desestabilizado por la desaparición de certidumbres tradicionales y por la erosión de la memoria; comprueban la quiebra de normas aceptadas, cuya debilidad subraya el vacío de valores y propósitos comunes. La solidaridad de la aldea fue estrecha y, muchas veces, egoísta, violenta, sexista, despiadada con los que eran diferentes. Esa trama de vínculos cara a cara, donde principios de cohesión premodernos fundaban comunidades fuertes basadas en autoridades tradicionales, se ha desgarrado para siempre. Las viejas estrategias ya no pueden soldar los bordes de las nuevas diferencias.

Muchas comunidades han perdido su carácter territorial: las migraciones trasladan hombres y mujeres a escenarios desconocidos, donde los lazos culturales, si se reimplantan, lo hacen en conflicto con restos de otras comunidades o con los elementos nuevos de las culturas urbanas. Y allí, los medios masivos de comunicación actúan, como el ácido más corrosivo, sobre las lealtades y las certidumbres tradicionales. Pero entre los restos de viejos mundos separados entre sí por la distancia cultural y por el espacio, los medios también tienden puentes y producen una globalidad de nuevo tipo. Vivimos en la era del individualismo que, paradójicamente, florece en el terreno de las más inclusiva comunidad electrónica. Sin embargo, las grietas, que separaban distintas comunidades culturales, no terminan de unirse, porque, en algunos casos, esas viejas culturas fueron demasiado poderosas para desaparecer por completo. Y, fundamentalmente, porque, con la tenacidad de lo material, persisten las diferencias económicas y los obstáculos sociales interpuestos a un uso verdaderamente universal de los bienes simbólicos. Como sea, las viejas identidades se han ablandado y, sobre todo, han perdido capacidad para regenerar sentimientos de pertenencia, aunque no está dicha la última palabra y, en ocasiones, viejos símbolos son vueltos a usar en nuevos contextos culturales o geográficos.

También sectores largamente afincados en un lugar, se han desterritorializado: el barrio popular hoy es menos importante que hace cuarenta o cincuenta años como espacio de asociación, de construcción de la experiencia y de relaciones cara a cara. En muchas ciudades, el barrio obrero y la villa son lugares inseguros, donde la violencia cotidiana aconseja el repliegue privado. Y en el centro del mundo privado, brilla la pantalla siempre despierta. El barrio deja de ser el territorio de uso y pertenencia, porque sus habitantes han seguido el contradictorio doble proceso de abrirse más allá de toda frontera convirtiéndose en público audiovisual, y quedarse más adentro de sus propias casas. Viejos centros tradicionales de interacción, la escuela, las bibliotecas populares, los comités políticos, las sociedades de fomento, los clubes barriales, ya no son los lugares donde, en un pasado, se definían perfiles de identidad y sentido de comunidad. Aquellos lugares, dominados todavía por la cultura de la letra y por la relación individual cara a cara, hoy interpelan mucho menos. Se recurre a ellos no a lo largo de un continuo cotidiano, sino en el momento de una crisis o de una necesidad perentoria.

Los más jóvenes no encuentran en estos espacios ninguna de las marcas culturales que interesaron a otros jóvenes, hace treinta, cuarenta o cincuenta años. Y sin jóvenes, no hay posibilidad de trasmisión cultural. Otros lugares proponen alternativas mejor sintonizadas con las cualidades de la cultura audiovisual: iglesias cuyo estilo se inspira en la pastoral electrónica; organizaciones centradas en objetivos puntuales que garanticen asepsia política, horizontalismo democrático y un mínimo de estructuración institucional; locales de video-game; discotecas que se especializan en una gama sutilísima de público y lo segregan con firme autoconciencia; grupos de *fans* cuya pertenencia se origina en la cultura audiovisual (hay excepciones: algunas bandas de rock pudieron establecer un puente por sobre los mass-media, que, de todos modos, se han perfeccionado para no dejar escapar un fenómeno que, en sus comienzos, habían pasado por alto).

Hoy la cultura juvenil es una dimensión dinámica, posiblemente la más dinámica, de las culturas populares y no populares. Aun cuando los jóvenes tienen una mirada finísima para todos los matices de la distinción, la cultura juvenil tiende a ser universal y, de hecho, atraviesa las barreras entre clases y entre naciones. Antes que por la pertenencia social, las experiencias culturales se cortan por la pirámide de edades. Allí subsisten las diferencias (que, en el rock, son la base de verdaderas tribus), pero la universalización empuja con más fuerza que los viejos particularismos de las subculturas y los nuevos métodos de discriminación.

El único obstáculo eficaz a la homogeneización cultural son las desigualdades económicas: todos los deseos tienden a parecerse, pero no todos los deseos tienen la misma oportunidad de realizarse. La ideología nos constituye como consumidores universales, aunque millones sean únicamente consumidores imaginarios. Si, en el pasado, la pertenencia a una cultura aseguraba bienes simbólicos que constituían la base de identidades fuertes, hoy la exclusión del consumo vuelve inseguras todas las identidades. Esto, precisamente en la cultura juvenil, es bien evidente: el deseo de la marca, marca socialmente.

Se ha perdido y se ha ganado. Por una parte, los letrados que, en el pasado, detentaban el monopolio de la legitimidad cultural y sólo debían disputarlo entre sus diversas fracciones, hoy se ven enfrentados en bloque con nuevos mecanismos productores de legitimidad: ya no pueden legislar sobre el gusto con orgullosa independencia porque otros centros legitimadores dictan la moda de lo que debe ser. La cultura audiovisual elige sus jueces y reconoce la potencia del número ya que su negocio está en la ampliación incesante de los públicos más que en la distinción elitista de fracciones. La diferenciación en subculturas audiovisuales es un fenómeno subordinado a la ampliación y homogeneización: las neotribus culturales tienen la sensación de cultivar los más exclusivos particularismos con entera libertad, y nada los desmiente en tanto no disputen en el mercado audiovisual global. Cuando lo hacen, como sucedió en muchos lugares con las radios de frecuencia modulada, los grandes de la industria cultural primero ponen su grito en el cielo; luego, rediseñan estrategias para intervenir en ese nuevo mercado cuya base está en un fraccionamiento casi infinito del dial radiofónico.

En la acentuación de esos particularismos se apoya una subordinación de nuevo tipo: no son las clases dominantes, a través de un sistema complicado de instituciones y delegados, las que atraviesan el límite entre fracciones sociales. En consecuencia, ya no puede hablarse sólo de una hegemonía cultural de las clases dominantes ni de una autonomía sólo respecto de la cultura impuesta por sus elites. Hoy toda probabilidad de iniciativa cultural independiente pasa por el modo en que diferentes grupos sociales estén en condiciones de mezclar sus propios instrumentos culturales, los de la cultura letrada y los de los medios de comunicación. Según como se relacionen estas tres dimensiones (elementos propios identitarios, cultura institucional escolar, cultura de los medios) se producen configuraciones diferentes e inestables, que pueden cambiar según las coyunturas políticas y la temperatura social. En el marco de la hegemonía audiovisual, algunas situaciones especialmente nítidas (como el pasaje de una dictadura a la democracia) desvían los canales a través de los que se ejerce esa hegemonía. Son episodios particulares en que se reordenan valores y se impulsan conductas no habituales, sobre la base de una mezcla de elementos originados en la tradición cultural, en la cultura institucionalizada, en nuevos contenidos políticos y en los mass-media. Muchas veces, y esto es bien evidente en escenarios electorales, el discurso de los medios entra en cortocircuito cuando se toca con identidades políticas profundas o con nuevos ideales que los medios (por razones de censura o de ceguera) no promocionaron. En esos momentos, las subculturas atraviesan fases de reestructuración relativamente independiente, aunque no persistan después de que la coyuntura ha agotado su potencialidad ideológica.

Como sea, si alguna vez tuvieron límites fuertes y precisos, las culturas populares se han vuelto borrosas; también se esfumaron los perfiles más estables que distinguían a las elites de poder. La universalización imaginaria del consumo material y la cobertura total del territorio por la red audiovisual no terminan con las diferencias sociales pero diluyen algunas manifestaciones subordinadas de esas diferencias. El caso de la lengua hablada es particularmente significativo. Durante décadas, la lengua "correcta" fue un ideal de la escuela que hoy ha desaparecido porque la escuela no está en condiciones de trasmitir ningún ideal, sea el que fuere. Por otra parte, la vitalidad y la creación lingüística corre por carriles completamente extraños a la cultura letrada; y la homogeneización lingüística lima diferencias regionales, de clase o de oficio. Este impulso nivelador tiene resonancias democratistas, si se lo compara con la lengua hiperestratificada de algunos países europeos. Sin embargo, no todo puede pasar bajo el rótulo de nivelación democrática cuando el discurso de un presidente de la república o de un parlamentario proporcionan los ejemplos más típicos de lengua popular. En un círculo del que es inútil buscar el punto de origen, los políticos hablan como los jugadores de fútbol o como las vedettes televisivas: para imitarlos en el éxito, cultivando el neopopulismo, o (según también se dice) para acercarse a un pueblo, convertido en comunidad de públicos y no de ciudadanos, que los consagraría según criterios definidos por el aura massmediática.

Todo el mundo habla del mismo modo y la innovación lingüística emigra muy rápidamente de una fracción social a otra. Si se conservan fuertes marcas léxicas y fonéticas en viejos sectores tradicionales de las elites, de todos modos, es más lo que esos niveles tienen en común con el resto de la sociedad que lo que los diferencia. Aunque los propios sujetos tengan a la distinción entre fracciones como un escudo protector, esa distinción se atenúa, porque está menos fundada en elementos culturales inaccesibles y más apoyada en elementos al alcance de todos: no es lo mismo distinguirse porque se habla una lengua extranjera perfectamente que porque se ha comprado el último compact de Guns 'n Roses. No produce el mismo tipo de diferenciación inconquistable el usufructo de una biblioteca familiar que la posesión de una moto japonesa: imaginariamente, cualquiera puede comprar una moto japonesa. Los símbolos del mercado, que son igualmente accesibles para todos, tienden a borrar los símbolos de la vieja dominación basados sobre la diferencia y el establecimiento de límites infranqueables.

Lo que se consideraba, en el pasado, cultura letrada (que era la única cultura legítima, por lo menos para los letrados) ya no organiza la jerarquía de las culturas y subculturas. Los letrados, ante esto, eligen entre dos actitudes posibles. Unos lamentan el naufragio de los valores sobre los cuales se fundaba su hegemonía como letrados. Otros celebran que los restos del naufragio hayan llegado a la costa, donde van armando un artefacto para explicar en qué consisten las nuevas subculturas y los usos populares de los desechos audiovisuales. Los primeros desconfían de las promesas del presente; los segundos, neopopulistas de mercado, creen fervientemente en ellas. Los primeros son viejos legitimistas, porque todavía respetan una jerarquía cultural donde la cultura de la letra tenía un lugar hegemónico seguro, al abrigo de las pretensiones de otras formas culturales. Los segundos son los nuevos legitimistas, porque en el naufragio de la cultura de la letra y del arte culto, instalan su poder como descifradores e intérpretes de lo que el pueblo hace con los restos de su propia cultura y los fragmentos de la cultura massmediática de los que se apodera. Las cosas se han invertido para siempre: los neopopulistas aceptan una sola legitimidad, la de las culturas producidas en el cruce entre experiencia y discurso audiovisual; y consideran que los límites puestos a la cultura culta son una revolución simbólica en la cual los antiguos sojuzgados se harían dueños de un destino independiente por medio de las artesanías que fabrican con el *zapping* y otros recursos tecnológicos de la cultura visual. Ambas posiciones se enfrentan según una fórmula que se hizo célebre hace casi treinta años: apocalípticos (hoy diríamos viejos legitimistas, defensores irreductibles de las modalidades culturales previas a la organización audiovisual de la cultura) e integrados (los defensores asalariados o vocacionales de las industrias audiovisuales y de su nueva legitimidad cultural).

Sin embargo, algunas cosas siguen siendo irreductibles. Para empezar, la desigualdad en el acceso a los bienes simbólicos. Más que atenuarse, esa desigualdad se acentúa porque la escuela atraviesa una crisis económica en cuyo envés puede leerse también una crisis de objetivos y la corrosión de una autoridad que no ha sido reemplazada por nuevas formas de dirección. La escuela ya no se ilumina con el prestigio que le reconocían tanto las elites como los sectores populares en las primeras décadas de este siglo. En la mayoría de los países de América Latina, la escuela pública es hoy el lugar de la pobreza simbólica, donde maestros, currícula y medios materiales compiten en condiciones de muy probable derrota con los mass-media de acceso gratuito o moderadamente costosos que cubren casi por completo los territorios nacionales.

Sabemos que la cultura letrada está en crisis en el mundo: los administradores norteamericanos miran con envidia los resultados de los exámenes de los niños japoneses, quienes, de todos modos, son sometidos a disciplinas de samurai para evitar el descenso de sus rendimientos; también la escuela francesa se lamenta hoy por la reducción de los estándares sobre todo en las disciplinas humanísticas y, en los últimos diez años, encaró dos reformas consecutivas de una institución ya reformada al calor del clima antiinstitucional de los setenta. Se multiplican los ejemplos de un dominio más tardío y menos completo de las capacidades elementales: vivimos la crisis de la alfabetización (y, con ella, de la cultura de la letra), aunque los optimistas massmediáticos celebren las destrezas adquiridas en el *zapping* y el video-game. Esta crisis, digámoslo rápidamente, no sólo se origina en una mayor difusión de la enseñanza a sectores sociales que antes no estaban incorporados a ella (migrantes, minorías étnicas, etc.), sino que, en los últimos años y en países donde la enseñanza ya lleva décadas de expansión en un sentido universal, se produce independientemente de los efectos que habrían introducido las minorías raciales, religiosas o la inclusión parcial de los más desposeídos. La crisis de la alfabetización afecta a los hijos de las capas medias urbanas, a los de los sectores obreros estructurados, a los de la pequeña burguesía. Esta cuestión tiene una importancia especial en América Latina, donde problemas comunes se sobreimprimen en el marco de instituciones débiles y debilitadas aún más por los programas de reconversión económica y el redimensionamiento de los Estados.

Se dice que la escuela no se ha preparado para el advenimiento de la cultura audiovisual. Ni los programas ni las burocracias educativas se han modificado con una velocidad comparable a la de las transformaciones ocurridas en los últimos treinta años. Todo esto es cierto. La cuestión no pasa sólo por las condiciones materiales de equipamiento, que las escuelas más ricas, gestionadas privadamente, pueden encarar y, en muchos casos, realizan sin ton ni son. Comprar un televisor, una video-casetera y una computadora, en cambio, puede ser un obstáculo insalvable para las escuelas más pobres (que son miles) en cualquier país latinoamericano. Supongamos, de todas maneras, que Sony e IBM decidieran practicar la filantropía en una escala gigantesca. Así y todo, el problema que deseo plantear continuaría en pie, porque, precisamente, no se trata sólo de una cuestión de equipamiento técnico sino de mutación cultural.

La escuela (se dice) podría beneficiarse y aumentar su eficacia reutilizando las destrezas que sus alumnos han aprendido en otra parte: la velocidad del *feeling* adquirida en el video-game; la capacidad de comprensión y respuesta frente a una superposición de mensajes; los contenidos familiares y exóticos proporcionados por los medios. Sería absurdo discutir sobre estos datos y, sin embargo, todavía deberíamos poder contestar si tales destrezas y saberes son suficientes para considerarlos herramientas decisivas en la adquisición de otros saberes y destrezas vinculados, todavía hoy, a la palabra, al razonamiento lógico y matemático abstracto, al discurrir lingüístico y a la argumentación, indispensables, hasta nuevo aviso, en el mundo del trabajo, de la tecnología y de la política.

La velocidad de lectura del video-clip y el toque leve indispensable para el video-game, no entrenan a quienes los poseen en la capacidad intelectual para detenerse largamente mirando un punto de la pantalla de la más sencilla computadora, tal como todos sabemos que es indispensable para resolver el problema más sencillo surgido del uso del programa más sencillo. Mucho menos preparan para el manejo de programas sofisticadísimos, como el hipertexto, que en poco tiempo será relativamente accesible. La incorporación de la informática aplicada al aprendizaje de cualquier disciplina, requiere destrezas ausentes en el Nintendo: lectura de sintaxis jerarquizadas y complejas, menos velocidad, menos confianza en los reflejos motrices, menos impaciencia, finales muy diferidos, toda una narrativa del éxito, la prueba y el fracaso, que es opuesta a la velocidad de resultados del video-clip y el video-game, aunque los usuarios lúdicos tengan con la máquina una relación menos distante y más audaz que la de sus padres y maestros. El aprendizaje trabaja con pocas unidades semánticas y lógicas por unidad de tiempo, o, dicho de otro modo, una lectura intensiva de pocas unidades. El aprendizaje es un proceso de adquisición de distancias, incorporación de diferencias, exploración de lo extraño, donde lo primero que se aprende son las destrezas necesarias para aprender y la condiciones psicológico-morales (para llamarlas de algún modo) imprescindibles.

La adquisición de una cultura común (ideal democrático que puede ser reinventado en un sentido de mayor pluralismo y respeto de las diferencias, pero que no debería ser desechado) supone una serie de procesos de corte y no simplemente de continuidad respecto de lo cotidiano. Se aprende lo que no se sabe: esta idea simple obliga a pensar otras. En primer lugar, que la fuente de un patrimonio simbólico no está sólo en aquello que los sujetos han recibido y consideran propio (a través de la cultura vivida, familiar, étnica o social) sino en aquello que van a convertir en material conocido a través de un proceso que implica, en la misma apropiación, una dificultad y un distanciamiento.

La hipotética donación de la Sony a las escuelas pobres de América Latina, no volatilizaría el dato duro de que, desde la video-cultura "espontánea", es necesario un salto a otras dimensiones culturales y que, aun cuando se pueda facilitar ese salto incorporando la dimensión técnica y lúdica de los mass-media, persiste la necesidad de una intervención fuerte no sólo basada en la espontaneidad de los sujetos. El adiestramiento como espectadores de Xuxa, o como jugadores de video-game puede ser utilizado por la escuela sólo hasta un cierto punto muy inicial. Luego, los espectadores de Xuxa deben convertirse en lectores de una página que, no importa cuan sencilla sea, requiere destrezas ausentes del mundo según Xuxa.

Por otra parte, pese a las fantasías de algunos films que piensan que el feminismo consiste en presentar a niñas más diestras que sus hermanitos en el manejo de una computadora, el jugador de video-game y el fanático de la computación es, por viejas razones culturales, muy notoriamente un niño más que una niña. Sobre todo en los sectores populares (que no poseen computadoras ni family-games): así, los locales de video-games en todas las grandes ciudades latinoamericanas son frecuentados por un público predominantemente masculino. La universalidad del entrenamiento adquirido no es entonces tan universal (es sólo, en el mejor de los casos, de *medio* universo) y de allí podrían sacarse consecuencias que afectan el optimismo tecnológico. Antes de celebrar la donación de la Sony a todas las escuelas-rancho de América Latina, sería conveniente desarrollar estrategias de compensación de las destrezas masculino-femeninas, que, de seguir el movimiento del mercado, tienen un pronunciado clivaje de desigualdad sexual.

Las donaciones de Sony serían tan inútiles como un viejo proyector de 8 mm si la escuela las usa como extensión únicamente lúdica, para convencer a sus alumnos de que aprender es tan divertido como mirar televisión. Los niños, que no son tontos, intuyen que no es cierto.

Las culturas populares de países como el nuestro, desde hace un siglo tuvieron a la escuela como punto de referencia. Quien vea en la escuela sólo un instrumento de dominación, se equivoca. Lo que la escuela proporcionaba pasó a formar parte activa de los perfiles culturales populares. La alfabetización permitió la difusión ampliada del periodismo moderno, desde comienzos del siglo XX, y la eclosión, en las cuatro primeras décadas de este siglo de una poderosísima industria editorial de masas, que publicó centenares de miles de volúmenes de literatura, divulgación científica de buen nivel, historia, teatro y poesía. Las culturas populares urbanas no repudiaron esta contaminación con la cultura letrada. Por el contrario, adoptaron de ella elementos que fueron protagónicos en un proceso de modernización y base de dimensiones culturales comunes. Miles de mujeres de sectores medios y medios bajos encontraron en la profesión escolar un camino de independencia laboral y sustento de un poder relativamente autónomo de la autoridad masculina. La escuela era un lugar rico simbólicamente y prestigioso socialmente. Sin duda, la dominación simbólica tenía en la escuela uno de sus escenarios, pero la escuela no era sólo una institución de dominación: distribuía saberes y destrezas que los pobres sólo podían adquirir en ella.

Es cierto que liquidó perfiles culturales muy ricos. Los inmigrantes entregaron sus hijos a la escuela donde éstos perdían la lengua y la cultura de sus padres para encontrar sólo la nueva lengua del nuevo país. Pero esa imposición, al mismo tiempo, los convertía en ciudadanos y no en miembros de ghettos étnicos donde las diferencias culturales quedan intactas y también queda intacta la desigualdad entre nacionales y extranjeros, entre miembros de diferentes religiones o de diferentes etnias. La escuela pasaba su cepillo de acero, pero sobre su brutal conversión de las culturas de origen en tablas rasas aportaba saberes que eran indispensables no sólo para convertirse en mano de obra capitalista, sino para fundar las modalidades letradas de la cultura obrera, los sindicatos y las intervenciones en la lucha política.

En una escuela fuerte e intervencionista, los letrados impusieron valores, mitos, historias y tradiciones a los sectores populares. Pero también fue el espacio laico, gratuito y teóricamente igualitario donde los sectores populares se apoderaron de instrumentos culturales que luego utilizaron para sus propios fines e intereses. La escuela, sin duda, no enseñaba a combatir la dominación simbólica, pero proporcionaba herramientas para afirmar la cultura popular sobre bases distintas, más variadas y más modernas que las de la experiencia cotidiana y los saberes tradicionales. A partir de esta distribución de bienes y destrezas culturales, los sectores populares realizaron procesos de adaptación y reconversión muchas veces exitosos. Las mujeres, en especial, conocieron tempranamente la igualdad legal que exigía su presencia en la escuela tanto como la exigía a los varones.

Las operaciones de hibridación entre culturas populares y cultura de los medios, que los sectores populares (junto con el resto de la sociedad) realizan hoy, tuvieron un capítulo importantísimo en el escenario escolar. Allí, desde comienzos del siglo XX, se conseguían las destrezas necesarias para ser público de los grandes diarios modernos, para entender las transformaciones tecnológicas y dominar sus elementos técnicos, para apropiarse de conocimientos que permitían usos independientes de los objetivos institucionales. Con la adquisición de saberes que desconocían y que no pertenecían "naturalmente" a su mundo más inmediato, los sectores populares no se adecuaban como robots a los contenidos de una cultura dominante, sino que también cortaban, pegaban, cosían, fragmentaban y reciclaban. Pero la apoteosis de la industria cultural capitalista no compensa la decadencia de la escuela pública.

No existen culturas incontaminadas (o contaminadas sólo por la dominación de las elites) y sólo los viejos populistas podían creer en la hipotética "pureza" de las culturas populares: por eso, la cuestión de las culturas populares y de su siempre relativa autonomía pasa por los elementos que entran en cada momento de la mezcla. Todo depende de las operaciones que los sectores populares estén en condiciones de hacer a partir de la mezcla cultural, que es inevitable y que sólo puede ser estigmatizada desde una perspectiva tradicionalista arcaizante. Nadie es responsable de la pérdida de una pureza original que las culturas populares, desde la modernidad, no tuvieron jamás.

En consecuencia, la cultura popular no tiene un paradigma pasado al cual puede remitirse: es imposible la restauración de una autenticidad que sólo produciría manifestaciones de un Kitsch folklórico que no podrían interesar ni siquiera a sus protagonistas. Así como las culturas letradas no vuelven a sus clásicos sino a través de procesos de transformación, deformación e ironía, las culturas populares no pueden pensar sus orígenes sino desde el presente. Y, de todas formas, presuponer esos orígenes ya es una complicación: ¿cuál fue el momento verdaderamente autóctono de una cultura que ya ha sido atravesada por los procesos de la modernidad? Ese momento es una utopía etnográfica que sólo una puesta en escena en el museo vuelve visible. Por fortuna, los sectores populares carecen de esa vocación etnográfica y hacen con su pasado lo que pueden.

Pero las condiciones de lo que pueden hacer sí son modificables y dependen de políticas culturales sobre las que los sectores populares deciden muy poco. Los neopopulistas de mercado, que se encandilan con el cruce entre los restos culturales populares y los massmedia, guiñan los ojos ante las desigualdades de acceso a los bienes simbólicos y, en consecuencia, prefieren no referirse a la dominación económica y cultural. Para estos neopopulistas, la única imposición cultural preocupante es la de las elites letradas que conservan un paradigma pedagógico opuesto al *laissez faire* y siguen sosteniendo, además, el carácter fundamental de la cultura de la letra dentro de la configuración cultural contemporánea. Del resto de los asuntos, es decir de lo más importante, nada tienen que decir.

Y lo más importante, precisamente, son los hilos con que los mass-media completan la trama desgarrada de las culturas populares. Sobre esto, una perspectiva cultural democrática e igualitarista debe pronunciarse. Si las políticas culturales quedan a cargo del mercado capitalista, los procesos de hibridación entre viejas tradiciones, experiencias cotidianas, nuevos saberes cada vez más complejos y productos audiovisuales, tendrán en el mercado su verdadero ministerio de planificación. Todas las desigualdades son subrayadas en este mercado simbólico: la desigualdad en el acceso a la institución escolar, la desigualdad en las posibilidades de elección dentro de la oferta audiovisual, las desigualdades de formación cultural de origen. Los sectores populares no poseen ningún recurso todopoderoso para compensar aquello que una escuela en crisis no puede darles, aquello que el ocio de los letrados puede adquirir casi sin dinero, aquellos bienes del mercado audiovisual que no son gratuitos o que no se adaptan al gusto que el mercado protege precisamente porque es el gusto favorable a sus productos estandarizados (que esos productos han contribuido a formar).

No hay en los sectores populares una espontaneidad cultural más subversiva, ni más nacionalista, ni más sabia que la de otras fracciones de la sociedad. Los viejos populistas (anteriores a los actuales neopopulistas de mercado) creían encontrar en el pueblo las reservas culturales de una identidad nacional. Le adjudicaban a los sectores populares lo que ellos, como intelectuales populistas, andaban buscando. Hoy sabemos que ninguna elite letrada tiene el derecho de pedir a otros que le fabriquen las esencias populares o nacionales que esa elite necesita para concebirse como elite de un Pueblo-Nación. Sabemos que esas sustancias nacional-populares no sólo pueden ser base de orgullosas identidades independientes, sino que adoptan, muchas veces, los rostros más horribles del nacionalismo, el racismo, el sexismo, el fundamentalismo.

Sabemos entonces que, así como no existe una única cultura legítima, en cuyo libro todos deben aprender la misma lección, tampoco existe una cultura popular tan sabia y potente que pueda ganarle todas las partidas a la cultura de los mass-media, haciendo con los productos de los mass-media un libre y orgulloso *collage* en el que inscribiría sus propios sentidos y borraría los sentidos y las ideas dominantes en los medios. Nadie puede hacer una operación tan a contrapelo en los ratos de ocio, mientras mira televisión.

Los sectores populares no tienen más obligación que los letrados: no es lícito esperar que sean más astutos, ni más rebeldes, ni más persistentes, ni que vean más claro, ni que representen otra cosa que ellos mismos. Pero, a diferencia de las elites económicas e intelectuales, tienen menos posesiones materiales y simbólicas, peores condiciones de disfrute cultural, menores posibilidades de practicar elecciones no condicionadas por la pobreza de la oferta o la escasez de recursos materiales y de instrumentos intelectuales; a menudo tienen más prejuicios raciales, sexuales, nacionales que los intelectuales quienes han aprendido a ocultar o abolir esos prejuicios. En consecuencia no son portadores de una verdad ni responsables de mostrarla al mundo. Son sujetos en un mundo de diferencias materiales y simbólicas.

Por lo tanto, si se quieren crear condiciones para el despliegue libre de los diferentes niveles culturales de una sociedad, la primera de esas condiciones es que se garantice el acceso democrático a los almacenes donde se guardan las herramientas: fuerte escolaridad y grandes posibilidades de optar entre diferentes ofertas audiovisuales que disputen con la repetida oferta de los medios capitalistas, tan iguales a sí mismos como las mercancías que producen. Lo que la gente haga con estos instrumentos podrá llamarse hibridación, mezcla o como se quiera. Pero es importante que, si la hibridación es efectivamente un modo de construcción cultural, los materiales que entren en su caldera puedan ser elegidos de la manera más libre que sea posible, más igualitaria desde el punto de vista institucional y económico.

Lo otro: la celebración indiscriminada de las estrategias de supervivecia popular en el continuo flujo de los medios audiovisuales, implica confiar no en la iniciativa y la originalidad del pueblo, sino entregarlo todo al despliegue de las diferencias sociales propias del capitalismo y creer, en esto sí a la manera populista clásica, que todo lo que el pueblo hace es sabio y va perfectamente en la dirección de sus intereses.

Capítulo IV
EL LUGAR DEL ARTE

De acuerdo: nunca, desde la invención de la imprenta, se han publicado tantos libros por año, ni tantos diarios y revistas; salvo en casos de excepcional ceguera como el que padecemos aquí, los medios audiovisuales se ocupan de los escritores y los artistas. ¿Estamos en el mejor de los mundos?

Difícilmente la pregunta pueda responderse de manera unívoca. La industria cultural (el cine, la televisión, los discos, la organización de eventos musicales, la edición) tiene más poder económico de lo que alguna vez se atrevieron a soñar los fundadores de un imperio como Hollywood. Sin embargo, si se toma el caso del cine, lo que ha pasado allí representa de manera espectacular el nudo de problemas que hoy enrieda con sus hilos al público, los artistas y los inversores capitalistas.

Comenzaría por una pregunta sobre el cine que tiene la virtud de interesar a todo el mundo: ¿por qué hoy no son posibles Ozu o John Ford? Directores de cine fuertemente anclados en la industria cultural, tanto Ozu como Ford fueron, al mismo tiempo, consagrados por un público de masas y productores de verdaderos estilos personales. Junto con protagonistas menos exitosos y más programáticamente vinculados al cine de arte, forman en las filas de los grandes del siglo XX. De ellos nunca podría decirse que trabajaron, como las vanguardias, en contra del sentido común del público. Tampoco que su arte es negatividad pura, criticidad estética que se convierte en criticidad ideológica. Por el contrario, Ozu y Ford no sólo nunca se colocaron fuera de la industria cultural sino que, con el suceso de su cinematografía, fueron pilares del afianzamiento de un cine masivo en las décadas del treinta y cuarenta. Junto a las banalidades que los grandes estudios lanzaban sobre las pantallas del planeta, los films de Ozu y de Ford (o de Wyler, o antes de Griffith y de Chaplin, y también de Hitchcock si vamos al caso) son obras perfectas, donde el lenguaje del cine está desarrollado hasta alcanzar su estadio clásico. Son films perfectamente reconocibles: los planos generales de Ford y los encuadres de Ozu hoy se consideran marcas personales que pasaron a formar parte de la gramática del cine.

La pregunta sobre Ozu y Ford podría duplicarse infinitamente: ¿por qué tenemos la convicción de que *Cantando bajo la lluvia* está muy lejos de *Fama* o de *Fiebre del sábado a la noche*? El film de Stanley Donen y Gene Kelly fue, de inmediato, un gran suceso y un modelo de musical, cuya obsesividad detallista construía una forma impecable. ¿Que convertía a estos directores y estos films, a la vez, en hechos estéticos singulares y grandes favoritos de todos los públicos?

Quizás la pregunta esté mal fraseada. La fórmula correcta, probablemente, sea: ¿qué permitía que Ford y Ozu y Hitchcock y Wyler fueran comprendidos por un público de masas, que consumía el cine más banal pero también *Río Grande* o *Historia en Tokio*? ¿Qué pasaba con la cultura de ese público? ¿Cuáles eran las condiciones dentro de las que Ozu y Ford no eran apenas tolerados marginalmente (uno en Japón, el otro en Estados Unidos), sino colocados en el centro de un sistema de producción y consagración?

Por una parte, la industria cultural no había terminado de implantar su hegemonía sobre todas las formas culturales anteriores. Por la otra, las vanguardias no habían escindido por completo, en un corte definitivo, el campo del arte. Cuando ambas cosas suceden, en la segunda mitad del siglo XX, la ampliación estratificada de los públicos y la experimentación estética corren por caminos divergentes que se intersectan sólo en algunos casos totalmente excepcionales. Con la música y la literatura, esto había pasado antes que en el cine.

¿Por qué preocuparse por un proceso que parece irreversible y que, además, presenta aspectos democráticos? En efecto, la implantación de las industrias culturales tiene consecuencias igualadoras y erige un marco de hierro para lo que muchos se complacen en llamar una "cultura común". Nadie quisiera colocarse en las antípodas de este optimismo, ni mucho menos hacer la crítica elitista de estos procesos.

En las páginas que siguen, sin embargo, se tratará de presentar, a través de una serie de retratos de escritores y pintores aquellos rasgos típicamente modernos del arte, que la cultura audiovisual de mercado parece destinar a un desván que sólo visitan los especialistas o públicos muy vocacionales. Aunque sus obras se exhiban o publiquen, el modelo de artista que presentan estos retratos ha sido tocado por una definida marginalidad. Existen, sin duda, grandes escritores cuyos libros atraen a centenares de miles de lectores; sin embargo, un movimiento como el boom de la literatura latinoamericana, en los años sesenta y setenta, hoy atraviesa una fase casi residual, donde sólo los consagrados de esos años conservan el público masivo que se construyó entonces.

Los retratos que propongo intentan probar la *variedad* con la que trabaja el arte. Ella cruza y superpone napas muy distintas: cultura de masas, grandes tradiciones estéticas, culturas populares, el lenguaje más próximo de la cotidianidad, la tensión poética, dimensiones subjetivas y privadas, pasiones públicas. Allí están las huellas, evidentes o secretas, de experiencias que todos compartimos pero que, por alguna razón, sólo pocos hombres y mujeres transforman en la materia de un objeto estético. Así transformadas, permiten un conocimiento y un reconocimiento de *condiciones comunes*; son lo que somos, pero de manera más tensa, más precisa, más nítida y también más ambigua. Una distancia (que es la forma estética) hace posible *ver* más. Nadie está obligado a vivir la situación en que nos coloca el arte. Sin embargo, por principio, nadie está excluido de ella.

La intensidad formal y semántica se alcanza cuando, de aquello que está a la mano, algunos hombres y mujeres producen configuraciones especiales, de una *arbitrariedad necesaria*. No existe un sólo tipo de artista: estos retratos quieren capturar biografías en miniatura, "casos" en los cuales cada uno tiene sus estrategias para elegir las materias y deliberar sobre las formas, soportar los límites o transgredirlos, exponer lo que cree saber, hablar o callar sobre eso que hace. No se es artista de un único modo, porque se trabaja con instrumentos que cada cual aprende, modifica o inventa. No se es artista de un único modo porque algunos experimentan la plenitud del significado y otros viven con la incertidumbre de que algo, finalmente, pueda ser dicho. No se es artista de un único modo, porque la red invisible de experiencia y cultura, de razón e imaginación, de lo que se sabe y de lo que nunca podrá saberse, está tejida siempre con hilos distintos.

En nombre de la diversidad de la especie humana, para poner la reivindicación en su escala ecológica menos exigente, habría que preservar originales como los de las siguientes instantáneas.

1. Instantáneas

Dos ópticas. Leyó historietas y miró televisión durante toda su infancia. Recuerda todos los jingles, todos los episodios de las series americanas y sabe de memoria réplicas de teleteatros que sus guionistas ya han olvidado. De la música popular hay poco que desconozca y carece de todo prejuicio respecto de una jerarquía de géneros, de canciones o de intérpretes: le gustan los mejores y los peores. Quiso ser baterista, pero nadie en su familia estuvo dispuesto a soportar esa extravagancia; se compró, entonces, unas congas con las que recorrió, a los veinte años, boliches en playas de segunda categoría. Mientras estudiaba pintura se acercó a la vanguardia teatral y participó en la puesta experimental de una obra de Plauto. Enseguida dejó el teatro porque no se animaba a descalzarse en el escenario. Por televisión vio todas las comedias argentinas y todos los melodramas mexicanos de los años cuarenta o cincuenta. En cines de repertorio o de estreno vio todo el Godard que pudo; conoce de memoria los planos de las películas de Ford Coppola. Lee salteado novelas y poemas; lee, sin saltear una línea, diarios y revistas de las categorías más diferentes. Durante su único viaje largo a Estados Unidos frecuentó con igual intensidad el Museo de Arte Moderno y los locales donde tocaba Tito Puente. Si algún amigo viaja al extranjero le pide, con idéntica urgencia, libros de Turner y discos difíciles de salsa o de *latin jazz*. No conoce límites entre niveles culturales: se mueve, sin prejuicios y muchas veces sin principios, entre el Kitsch y lo sublime. Le gusta el mal gusto, sin hacer de esto una reivindicación populista.

Trabaja sus dibujos con la obsesión de un miniaturista. Mientras dibuja, habla con quien tenga cerca, se interrumpe y le gusta que lo interrumpan, se distrae con la misma intensidad con que se concentra. Explica con minuciosidad cuestiones técnicas: cómo se hace el trazo del junco en la pintura china, cuáles son los mejores papeles para trabajar en aguada, cómo mezcla las tintas para obtener grises que se separan, en una escala sutilísima, desde los negros más intensos. Sus juicios sobre pintura son más breves que sus discusiones sobre cine. Probablemente, su formación técnica es más completa que su cultura estética. No mira como un experto toda la pintura, pero conoce bien lo que conoce. Cuando habla de buena y de mala pintura sus juicios tienen una suerte de densidad compacta y ningún espíritu de conciliación.

De la mezcla caótica de sus gustos, sus dibujos conservan pruebas casi invisibles. Durante años, dibujó personajes diminutos que, vistos desde una distancia "normal", parecen sólo grafismos. Esos dibujos tienen una óptica doble: *desde lejos* son composiciones abstractas, donde se extienden grandes masas vaporosas que forman espirales truncas, círculos incompletos, o superficies que no evocan ninguna geometría sino la ocupación libre del plano que, en ocasiones, parece el gran fragmento de una composición ausente; *desde lejos*, esos dibujos logran un movimiento amplio y desenvuelto sobre la base de grafismos muy pequeños. Vistos *de cerca*, esos grafismos se revelan como personajes diminutos, paisajes, castillos, monstruos, caballos, molinos, vegetaciones de ciencia ficción, héroes de historieta con argumento en la edad de piedra. Están saturados de significación cultural, de ficciones de mala muerte, de íconos que evocan una especie original de retro pop, o fantaciencia o cuentos de hada. Tolkien visitando la abstracción.

Las dos ópticas de estos dibujos pueden interpretarse como una hipótesis estética sobre la mezcla de culturas. Sus refinados grises y negros evocan un cromatismo que se resuelve, como en el cine o la historieta, en blanco y negro. La abstracción de los grafismos, vistos *desde lejos*, revela, cuando la óptica es *cercana*, citas de un imaginario cultural que la composición del dibujo nunca hubiera permitido suponer. La mezcla de abstracción e imaginario ficcional no es conflictiva. Las dos ópticas integran diferencias y permiten ver no varias cosas al mismo tiempo sino, según donde se ajuste el foco de la mirada, dos sistemas de representación que conservan huellas de sus diferentes orígenes culturales.

Pintura y razón. Hablaba frente a sus cuadros y no admitía que el espectador quedara ensimismado en las peripecias de su visión. Creía que de la pintura *se debe* hablar y que el arte (no sólo la pintura, sino también el cine, las novelas, la música) es una materia que el discurso captura, rodea, interroga, contradice. Frente a su propia obra razonaba como un intelectual. Nada en él evocaba la imagen clásica del pintor entregado a su pulsión como sumergido en aguas casi desconocidas, ni la imagen más actual del indiferente que desconfía de la polémica y de las posiciones fuertes. La polémica era su terreno preferido: ella le permitía emplear una artillería de razones sin sacrificar su gusto por la hipérbole. Hacía del diálogo una forma del conflicto estético y no una comunicación de datos sobre el mercado de arte o los premios.

Conservaba del pasado la tensión política (una especie de alerta ideológica permanente) y el estilo de intervención vanguardista. Fue invariablemente excesivo y desconoció las estrategias de ahorro de capital estético, de reinversión del prestigio acumulado y de moderación elegante frente los galeristas, los compradores de arte o los críticos.

Se refería a su obra con la paradójica seguridad de que no estaba hablando de él: se trataba, simple y objetivamente, de pintura. Pasaba de sus cuadros a la historia de la pintura en un gesto que también explica cuánto de historia de la pintura hay en sus propios cuadros. Pero era totalmente hostil al coleccionismo posmoderno de la cita decorativa. No visitaba el pasado como un arqueólogo para inscribir en sus cuadros los restos de encuentros caprichosos. Como un verdadero moderno, conocía la tradición hasta arriesgarse a parecer erudito o pedante. Sus decisiones seguían un camino razonado. Elegía sus citas para mostrar que el acto de pintar incluye una reflexión sobre los procedimientos y sobre el pasado de la pintura. Trabajó con las estrellas de las vanguardias rusas, los íconos expresionistas, las naturalezas muertas de la representación realista a las que dedicó un virtuosismo que le permitió mostrar lealmente los límites del realismo: pintó una frutera blanca sobre un mantel blanco, como premonitorio homenaje a Malevich a quien citaría mucho después en sus últimas obras. Incluso cuando sus cuadros citan claramente otros cuadros suyos, están lejos del encierro especular, la repetición o el narcisismo. Esas francas citas de su propia obra son un momento más de la reflexión estética.

Sus cuadros producen una felicidad que pertenece al orden de lo sensorial y no sólo al orden de la razón. Pero esta felicidad, que nos llega como una iluminación persistente, es atravesada por la idea antidecorativa de la gravedad conceptual. Un estallido de colores soporta la distorsión de grafismos oscuros e inquietantes, en los que el trazo es libre y pesado al mismo tiempo; una serie de objetos simpáticos y cotidianos nos inquieta por su sintaxis abstracta; un simple mantel de hule se convierte en la pesadilla hiperrealista de frutas reiteradas como si fueran motivos geométricos; las brillantes estrellas de la revolución son atravesadas por planos que destruyen la estabilidad de las cinco puntas perfectas; los rojos más ricos y decorativos cubren sólo la mitad de la tela y sobre la otra mitad, como un esqueleto trazado prolijamente a lápiz, se muestra el futuro del cuadro que no ha sido pintado; la artificiosa fotogenia de grupos familiares es puesta en cuestión por espejos que no nos permiten contemplar tranquilamente el motivo (reunión de hijos y padres, niños) porque nuestra posición de espectadores está comprometida; las sillas, las brochas, los martillos flotan en un espacio no representativo, en un fondo puramente plástico.

La felicidad de su pintura celebra que sea posible seguir pintando después de las décadas que han pasado. Es posible seguir pintando después del arte conceptual, de las instalaciones, de los *happenings*, del arte manifiesto político. Sin embargo, las décadas no pasaron en vano: supo que no bastaba mostrar sólo la felicidad. Sin negarse a ningún experimento, pintó, entonces, la razón de la belleza y la belleza de la razón.

Pájaros. Dedica bastante tiempo a observar pájaros. Ha reunido una buena bibliografía; tiene un largavistas, botas de goma, un sombrero de paja, una cantimplora. En fin, lo necesario para mirar pájaros en lagunas, llanuras, cañaverales, esteros, ríos y, naturalmente, bosques o simples montecitos de eucaliptos. Explica que el observador de pájaros es una especie de coleccionista de recuerdos porque lo único que le queda después de sus expediciones es la línea escrita en una libreta, donde dice: Vi tal pájaro, macho o hembra, solo o con otros, volando o posado, cerca de su nido o buscando comida, cantando o en silencio, cazando una lombriz o picoteando una miguita, dándose un chapuzón en un charco o parado en una rama; también anota la hora y el lugar geográfico preciso; agrega si el pájaro visto es difícil, fácil, excepcional (según una escala que figura en los libros para observadores de pájaros). Mirando pájaros, de paso, sus ojos se volvieron más agudos para registrar los accidentes de la naturaleza y las variaciones del paisaje; sabe cómo son los reflejos del agua a mediodía y al atardecer, en qué se diferencian las nubes, qué efectos producen unos juncos sobre la cara de una niñita o sobre las maderas de un embarcadero. Esto, a su vez, le afinó la atención para las variaciones de cualquier tipo: son tan pequeñas las diferencias entre algunos pájaros que hay que fijarse bien en los detalles; y la luz es sólo luz cruda o luz de nublado para quien no se pasa horas y horas viendo cómo la luz cambia de manera imperceptible y tenaz sobre una rama o sobre el pasto.

Las variaciones le interesaron siempre. Es lector de ediciones anotadas donde figuren todas las variantes que sufrió un texto mientras su autor lo escribía y lo corregía. También colecciona ediciones bilingües y sigue con un detallismo cabalístico los deslizamientos de las palabras cuando pasan de una lengua a otra. Su gusto por las variaciones lo condujo a aprender latín porque no hay nada más exageradamente cambiante que una lengua que ya no se habla: en las versiones del latín se puede leer la cultura y la historia de cada uno de los diferentes traductores. De tanto en tanto, él también prueba la mano en traducciones. Le divierten todos los juegos de palabras: utiliza un diccionario que le permite buscar palabras españolas como si fueran inglesas y armar poemas disparatados desde el punto de vista del sentido pero perfectamente sonoros como poemas.

Su literatura pertenece a la familia de estos gustos. Ha escrito muchos nombres de pájaros en poemas donde el paisaje es leve y tranquilo; un reflejo de luz o el sonido del agua son revelaciones brevísimas del paisaje, que es necesario esperar al acecho y escribir antes de que se desvanezcan. Luego pueden ser retocadas infinidad de veces, pero conservan siempre su cualidad de haber retenido el tiempo en un abrir y cerrar de ojos. Los poemas que escribe de este modo son, a la vez, intensamente objetivos y claramente personales: algo queda en ellos de una experiencia con el mundo, una experiencia que no es dramática, ni psicológica, sino visual. Escribe la plenitud de las sensaciones en el mundo, aun cuando sepa que cada una de estas palabras suscita un problema filosófico: ¿plenitud, sensaciones, mundo?

Construye variaciones de un mismo texto: versiones donde, a veces, lo que cambia es el ritmo; otras veces, algunas palabras; otras, los tiempos de algún verbo; otras incluyen, para el oído atento, leves modificaciones de sonido; otras, finalmente, cambian todo. Sabe explicar muy bien porqué ha corregido lo que ha corregido: como lee con precisión a otros poetas puede leer con precisión sus propios escritos.

Cuando corrige algo en una versión y conserva la versión anterior, sus lectores pueden ver el poema tan claramente como si estuviera siendo armado dentro de una caja de cristal.

Conversación. Le gustan las bromas sencillas que aprendió en los últimos grados de la escuela primaria y ríe, a los sacudones, con los juegos de palabras más toscos. El arte de la conversación no es, para él, un ejercicio de competencia ni una extensión de su literatura en la vida diaria, sino una prueba de amistad que tiene que ser afectuosa, zumbona, hospitalaria, aunque, en ocasiones, desemboque en peleas homéricas. Practica una conversación hecha de amagues, de pedazos conocidos, a la que vuelven fragmentos de frases, anécdotas que cuenta desmañadamente como si no supiera contar bien un hecho ni presentar a un personaje. Su ironía siempre subraya demasiado y el chiste estropea, con frecuencia, un efecto que no confía todo al sobreentendido y a lo no dicho. Se divierte señalando cosas muy evidentes y no busca casi nunca la originalidad en sus observaciones. No le importa parecer inteligente.

Sus ojos, sin embargo, durante esas largas conversaciones deshilachadas, son contradictoriamente agudos, como si la vista estuviera buscando lo que sus palabras ni siquiera se proponen trasmitir. Alguien, dentro de él, está al acecho y, a veces, salta: cuando pronuncia una diatriba política, cuando hace juicios morales durísimos, cuando, eventualmente, se lo provoca con el nombre de un escritor amado o despreciado.

Hombre de provincia, vive en París con la distancia fría y poco encandilada de quien no está dispuesto a comprar ninguno de los abalorios que se ofrecen en el mercado cultural. Ni siquiera dispuesto a participar en transacciones menores cuando se trata de su propia obra. La literatura en televisión le parece una pesadilla donde se abstiene de figurar como personaje. Quiere que lo lean, pero no es capaz de buscar admiración en el cultivo de una carrera literaria que le exigiría una constancia que sólo emplea para la literatura.

Lee lo que lee: un sistema difícil de conocer del todo, porque a veces exhibe lecturas dudosas y otras veces oculta lecturas completamente seguras. Se sabe, de todas formas, que admira a Adorno, a Sartre, a Borges, a Juan L. Ortiz, a César Vallejo, a Antonioni. También se sabe que, desde sus comienzos, cultiva una crítica irritada e intolerante de lo que se llamó "nueva literatura latinoamericana" o "boom de la literatura latinoamericana". Entre sus blancos favoritos figura, naturalmente, Gabriel García Márquez; nunca creyó que Manuel Puig fuera un gran escritor.

Su obra de ficción es compacta y extensa. Tampoco en ella quiere parecer inteligente. Sólo busca una perfección que tiene a la poesía como horizonte. Sin embargo, sus personajes y sus tramas resultan de un interés inesperado si se piensa que son casi siempre los mismos, recortados en el mismo paisaje, y discutiendo en realidad muy pocas cosas. Su literatura es difícil, si lo que se espera son ideas citables y argumentos contables. Hay que leerlo como se lee poesía, muy despacio, para captar, en el ritmo de las frases y en la materia de las palabras, el avance lentísimo de relatos que están literalmente *pegados al lenguaje*. Como programa estético, él también podría inscribir: "Tras de ti, lenguaje amadísimo".

En sus novelas, el tiempo se arrastra como si no pudiera transcurrir aunque, de pronto, es evidente que ha pasado para siempre. Las descripciones parecen mostrar algo aprensible, pero, luego, se repiten: los cambios en un paisaje son tantos que la descripción es sólo una apuesta contra la multiplicidad del mundo que la literatura rodea sin capturar nunca del todo. La dramaticidad de la condición humana no proviene de episodios especialmente dramáticos, sino de la presencia de lo que desconocemos, aquello que, probablemente, nunca se va a revelar como una verdad. Sin embargo, la pregunta sobre la verdad tiene un sentido aunque él haya aprendido que la respuesta es improbable. Sabe que el sentido es difícil pero que renunciar al sentido es una banalidad.

Su escritura perfecta muestra hasta donde puede llegar la escritura.

Ironía. Desde muy joven, escribe. Lo primero que leí de él, hace más de diez años, fueron unas páginas donde imitaba el estilo de un escritor que él admira hasta hoy. Pero se distinguía del modelo por la presentación, lograda con cierta violencia, de un hecho que, probablemente, el escritor admirado no hubiera elegido: la concentración y el trabajoso progreso de un perro cagando. Por esa misma época, le hizo un largo reportaje al escritor admirado, en cuyo trascurso tuvo la desdicha de enfurecerlo. El, el joven escritor, permaneció impávido. Desde entonces ha publicado varias novelas.

Estudió literatura en la universidad mientras trabajaba como taxista. Se recibió y renunció de inmediato a hacer una carrera universitaria. También abandonó el taxi, sin agotarse, por lo demás, en la búsqueda de empleos que estuvieran necesariamente vinculados con la literatura. Se interesó por la teoría literaria de una manera silenciosa; de todas formas, queda claro que lo único que le interesa es la literatura misma. Del mundo literario conserva algunas amistades fieles, pero no practicó nunca la frecuentación de escritores como un deber que los escritores cumplen para que se los reconozca entre sus colegas. Estos lo respetan, aunque quizás lo juzguen un poco reticente.

Su relación con el lenguaje sorprende, tanto cuando se lo escucha como cuando se lo lee. Hijo de extranjeros, judío de origen, en sus conversaciones recurre a una forma popular del español rioplatense llena de palabras y giros que ya no se usan. No explica de dónde los ha tomado. Pero no es este rasgo, de una originalidad pintoresca, lo que lo singulariza. Su marca más personal es la ironía. Para casi todo el mundo, la ironía es una forma de considerar y presentar lo que se piensa; una forma que se usa mucho o poco, pero que no llega a convertirse en el único modo del discurso. En su caso, en cambio, la ironía es un rasgo permanente que nunca abandona del todo: puede estar en la superficie de las frases, o descubrirse en una leve alteración de tono, jugar abiertamente al conflicto de sentidos o disimularse en toques muy leves. Como sea, allí está siempre.

Por eso, es muy difícil entender con alguna seguridad lo que está diciendo. Sus interlocutores permanecen suspendidos no en la indecisión de un sentido en particular sino en una indecisión más general sobre el sentido de todas las frases: ¿está felicitando a alguien o se está burlando de él? ¿Asegura lo que asegura o exactamente lo contrario? Hasta hoy su literatura despliega este destino irónico de varios modos. Principalmente, en un uso desviado de las palabras. Pero no se trata de desvíos demasiado evidentes, que hagan un punto en contradecir los sentidos habituales del lenguaje.

Se trata, por el contrario, de separaciones infinitesimales de los sentidos comunes, grietas en la superficie de las palabras que no se convierten en obstáculos imposibles sino en detenciones breves. Leyendo sus novelas, estamos en una situación de inseguridad continua pero atenuada: las palabras a veces no parecen responder del todo a lo que se acostumbra, a veces se desvían hacia un lado "incorrecto", o buscan extenderse hasta ocupar el lugar de otras palabras.

Escribe como si mirara al lenguaje de reojo, no por desconfianza (eso sería casi un lugar común) sino como si no tuviera recuerdos del lenguaje, como si ese instrumento fuera algo que conoce perfectamente pero que, al mismo tiempo, le resulta un territorio extraño del que tiene que apropiarse. Sería equivocado pensar que su relación es insegura; se trata más bien de una perspectiva en diagonal sobre un espacio que habitualmente miramos de frente. Al escribir recorre sendas laterales y caminos desviados.

Insomnio. Se despertó en el silencio de las altas horas; su marido descansaba en un espacio cercano y clausurado. La casa crujía con sonidos cíclicos, casi imperceptibles. Movió algunos papeles. Nada. Sólo podía pensar en aquel otro, el escritor más grande, hombre de pasiones contenidas y públicas al mismo tiempo, el poeta tocado por los dioses y por la fama. Su admiración era tan poderosa como su deseo de ser más que ese hombre.

Lo que los unía hasta el punto de separarlos era, esa noche y los días que siguieran a esa noche, un avance casi ciego sobre las palabras, nadando a contracorriente en un líquido elástico y, al mismo tiempo, insustancial. Los unía la persecución de lo mismo, de la que el más afortunado conservaría, sin embargo, una huella distinta. Los unía también la búsqueda de favores, el triunfo en el oficio de presentar la propia obra, la idea de que tenían una misión y que otros (sin misión que cumplir) debían reconocerla. Los unía la diferencia entre ellos, y la diferencia, más radical, que los separaba de otros hombres y mujeres. Los unía el amor por la belleza, que reconocían como una pasión superior, y por la fama, que pensaban como un trueque en el que daban más de lo que recibían. Los unía, sin duda, el respeto por las herramientas del oficio, la convicción de que sólo hasta un cierto punto se podía aprender a usarlas y la creencia de que el trabajo que realizaban era extenuante más allá de todo límite. Buscaban.

La mujer, desvelada pero incapaz de escribir una línea, sin ganas de leer ni de mirar ni de escuchar nada, pensó que el otro dormiría tranquilo, inconsciente de que ella, en ese momento, lo recordaba con una admiración enfriada por la envidia o, mejor, con los restos de una envidia que la admiración convertía en superflua. De todas formas, la juventud estaba de su lado: comparó lo que ambos habían escrito, la edad que tenían cuando publicaron su primer libro. Todavía faltaban algunos años para que la mujer que no podía dormir llegara a la edad en que el hombre que dormía allá lejos había logrado su primer gran triunfo o, si se quiere, su primer gran obra. Sin duda, un viejo podía ser admirado con más tranquilidad que la que se siente cuando se admira a un contemporáneo. Pero ese viejo debía seguir viviendo, porque su muerte cerraría toda posibilidad de que reconociera, por fin, que ella era su igual. A pesar de todo, los unían más cosas de las que los separaban: ¿la religión del arte, la república de las letras, la persecución común de la belleza y de la verdad, el trabajo sobre las mismas materias con los mismos instrumentos, la lectura de unos cientos de libros, la separación invencible que sentían frente a las peripecias repetidas de lo cotidiano, la idea de que competían en un mismo espacio y que la competencia no los diferenciaba tanto a ellos dos como del resto de los humanos, la obsesión del fracaso y del éxito, la creencia alternada de que habían triunfado y habían fracasado?

¿Qué los unía, finalmente? ¿Eran parroquianos de la misma iglesia, miembros del mismo partido, a ambos les gustaban los mismos vinos o el mismo paisaje? Posiblemente, ni siquiera los movieran los mismos libros, ni siquiera citaran las misma líneas de un poeta leído por ambos. La mujer supo, sin embargo, que descubrir lo que los unía era importante para disolver la distancia que los separaba. Pero, finalmente: ¿qué se trataba de descubrir? La verdad de la envidia, la razón de una amistad intensa con un hombre casi desconocido, el asombro ante una obra que se juzga admirable, el avance hacia un lugar donde posiblemente no se encuentre lo que se busca y donde tampoco el otro encontró lo que buscaba, el cansancio y la vanidad, la imaginación que permite escribir y la imaginación que ahoga la escritura. "Se avanza a tientas, sabiendo, por otra parte, casi todo lo que hay para saber". "Así", le dijo una vez ese hombre que seguramente duerme a la mujer que está despierta, "así es el arte".

¿Cómo se puede tener la pretensión? "Sobre la seguridad de que otros no tienen más remedio que reconocernos el derecho", le respondió casi sin detenerse a pensar. Así son las reglas del juego en el que los dos están metidos con una intensidad que hace pensar en el exceso, aunque también pueden llevar una máscara de distancia indiferente. Otros nos reconocen el derecho. Girar sobre ese derecho, usarlo, hacerlo producir (si es posible) el mejor libro. Pero, ¿quién puede decir tranquilamente "el mejor libro", como si supiera de qué se trata? La mujer desvelada pensó: esa es, del todo, otra cuestión. Y posiblemente estuviera en lo cierto.

2. Valores y mercado

Durante siglos, un puñado de hombres y unas pocas mujeres excepcionales participaron en una larga y sacudida conversación sobre el arte. Hubo un poco de todo: litigios de poetas, querellas entre partidarios de lo clásico e innovadores que sostenían las virtudes de los modernos, riñas a puñetazos en los palcos de algunos teatros, jóvenes directores de cine que se prepararon para responder a los silbidos del público a pedradas; hubo competencias y lealtades hasta la muerte, persecuciones, suicidios, destrucción de obras propias y ajenas, sacrificios sublimes y bajezas. El nombre del arte se pronunció en cada una de estas escaramuzas, a pesar de que no siempre sus protagonistas pudieran demostrar que sólo los movía esa razón que todos consideraban superior. Como sea, la discusión continuó bajo formas diversas. Hubo tiempos en que se reconoció la existencia de autoridades exteriores que planeaban sobre las cabezas de los artistas, definiendo, como príncipes o sacerdotes, el sentido y la perspectiva de lo que estaban produciendo. Luego, esas autoridades dejaron este mundo librado a su propio movimiento y los artistas pensaron que eran ellos, justamente, los únicos príncipes y los sacerdotes en su república. Más tarde llegaron otros artistas, venidos de más lejos, de los bordes de la sociedad, para decir que no eran ni lo uno ni lo otro, sino bohemios, mujeres desafiantes, misioneros o, finalmente, productores que llevan sus productos a un mercado.

Hasta hace pocas décadas, quienes intervinieron en cada una de estas peripecias pensaron que sus posiciones se fundaban en valores cuya superioridad podía demostrarse por la razón o porque así lo habían decidido razones superiores a la razón estética. El reino, aunque atravesado por las luchas de programas o de personalidades, era estable y soberbio. Se sabía (o se creía saber que, a tal efecto, da lo mismo) por qué era mejor lo que se defendía que lo que se atacaba. Nunca se dudó que la discusión era interesante porque en ella se planteaban diferencias fundamentales tanto para hacer como para gozar el arte.

Casi todas las palabras que se han escrito más arriba ahora están sometidas a juicio. Escucho decir que la discusión es improductiva, ha equivocado sus términos, o esconde sus verdaderos motivos. Que ya no se puede plantear una pregunta sobre lo que es el arte. Para un indiferentismo llamado "posmoderno", la pregunta carece de interés. Por su lado, la sociología de la cultura la responde desde una perspectiva institucional: el arte es aquello que un grupo especializado de personas acuerdan que sea. ¿Es posible incorporar esta respuesta a una discusión estética? ¿Hay escapatoria a una definición sólo institucional del arte?

Nos aseguran que ya no puede decirse lo que el arte es sino a través de una lista de las funciones que el arte cumple en la vida social, por una parte; o, por la otra, un inventario de las creencias sobre el arte tal como aparecen en los artistas, los críticos, los editores, incluso los suplementos de los diarios (a los que no se les adjudicaría tamaña responsabilidad en otras áreas). Se nos dice: el arte es lo que es y lo que es, es lo que las convenciones acuerdan que sea. Frente al fervor esencialista que buscó los fundamentos del arte, se contrapone una perspectiva tomada en préstamo de la sociología de la cultura. Esta, la sociología de la cultura, ha operado como un ácido frente al esencialismo, el elitismo y las místicas de la diferenciación (que serían las enfermedades de la soberbia estética) disponiendo las piezas de una construcción institucional que parece convincente si se la juzga por su capacidad descriptiva del funcionamiento del arte en la sociedad.

En un punto, considerar al arte como institución implica colocarla en un *más acá profano* donde se disuelven las veleidades de excepcionalidad porque los movimientos, los impulsos y las regulaciones sociales también actúan en la esfera del arte. La perspectiva institucional desnuda las fantasías que los artistas han tejido sobre su práctica y revela que las determinaciones económicas y sociales se ejercen sobre ellos, tanto como sobre quienes se ocupan de la producción de mercancías o de competir por el poder. Con una particularidad: todo esto sucede sólo por la intermediación de las fuerzas y las formas propias del campo específico donde los artistas se mueven.

En la modernidad, las relaciones entre artistas y público, entre escritores y editores, entre pintores y marchands, entre los mismos productores culturales, ocurren en un *espacio articulado como campo de fuerzas* que no reflejan directamente las tendencias enfrentadas en otras dimensiones sociales, sino que configuran una estructura especializada. En ella los artistas se colocan según el patrimonio cultural que han acumulado o que han recibido como herencia. Las tomas de posición en el campo intelectual quedan presas de los verdaderos impulsos que las rigen: la búsqueda de consagración y legitimidad para las propias obras, la competencia entre artistas, sus estrategias de lucha y de alianza. No es el campo sagrado del arte, sino *un espacio profano de conflicto*. El sociólogo atento (Pierre Bourdieu es su paradigma) escucha los discursos para descubrir en ellos lo que niegan u ocultan: el desinterés artístico revela su verdad sólo si se lo piensa como una inversión económica a largo plazo. Los artistas *se colocan para colocar su obra* y, al hacerlo, permanencen ciegos ante la verdad de sus prácticas. Cuando hablan de arte, también están hablando de competencia; cuando parecen más obsesionados por la búsqueda de una forma, con un ojo miran al mercado y al público.

Esta sociología de la cultura reconduce (y reduce) las posiciones estéticas a relaciones de fuerza dentro del campo intelectual, y propone una lectura poco considerada precisamente con las "reglas del arte" tal como los escritores y artistas las presentan ante sí mismos. ¿Qué queda de los conflictos cuando toda toma de partido estético es interpretada como búsqueda de legitimidad o de prestigio? ¿Qué queda de las elecciones cuando la libertad no es sino una ideología entre otras, a la cual se echa mano para disimular deseos menos inmateriales de consagración? ¿Qué queda de los valores estéticos cuando se asegura que son fichas de una apuesta en la mesa donde invariablemente se juega el monopolio de la legitimidad cultural?

Los artistas se moverían impulsados por las reglas

de este juego. Si la sociología de la cultura logra desalojar una idea bobalicona de desinterés y sacerdocio estético, al mismo tiempo evacúa rápidamente el análisis de las resistencias propiamente estéticas que producen la densidad semántica y formal del arte. El problema de los valores es liquidado junto con los mitos de la libertad absoluta de la creación.

La perspectiva sociológica disuelve la buena conciencia autojustificatoria, pero también corroe la densidad de las razones del arte. Desde esta perspectiva, no es asombroso el gesto de Marcel Duchamp eligiendo un mingitorio para exhibirlo como obra en una galería. Por el contrario, premonitoriamente Duchamp habría llevado hasta el fin la demostración de la teoría institucional sobre el arte, y su obra-mingitorio es clave de bóveda de la teoría. El artista *hizo* el objeto con su mirada estética y no hay nada en el objeto que pueda ser considerado estético por sus valores intrínsecos: en verdad, el mingitorio quiere liquidar para siempre esos valores. La convencionalidad del arte ha alcanzado su límite cuando el valor queda adherido al gesto de la elección, y la obra no admite otro fundamento que las relaciones institucionales; ellas hacen posible que Duchamp elija el mingitorio y que eso sea aceptado por los entendidos.

Lo que en las primeras décadas de este siglo pudo ser visto como un momento decisivo de las vanguardias, hoy podría ser leído también como capítulo final de la desacralización del arte. Sin proponérselo, Duchamp hace el gesto que le proporciona su "experiencia crucial" a la mirada sociológica. Y enciende una hoguera donde también van a quemarse las vanguardias, es decir lo mejor que ha producido el arte del siglo XX.

A partir de ellas, de las vanguardias, el arte toca un límite que, en otros aspectos conoce la sociedad de este siglo: si todo es posible, aquello que fue propio del arte, precisamente la lucha por imponer soluciones nuevas y definir problemas diferentes a los del pasado y a los de otros contemporáneos, pierde su columna vertebral: por una parte, la sociología de la cultura enseña que los movimientos estéticos deben ser leídos como combates por la legitimidad y la consagración; por otra parte, una intervención vanguardista (que la sociología del arte considera perfectamente característica) disuelve toda posibilidad de considerar otros valores que sean independientes a los que instituye la mirada del artista (legitimada, a su vez, por otras miradas: la de otros artistas, la del galerista que acepta sus obras, la del editor que las publica).

En esta pinza, el debate estético ha perdido su fundamento probablemente para siempre. No hay dios ni fuera ni dentro del espacio artístico que nos entregue el libro donde estén escritos los valores del arte. El proceso de desacralización ha concluido. Uno de sus méritos es la institución del relativismo estético. También ésta es una de sus consecuencias más perturbadoras. El relativismo es como la democracia: una vez que son escuchadas sus promesas, todo cae ante el ímpetu nivelador e igualitario de su impulso. Pero a diferencia de lo que una perspectiva optimista propone para la esfera política, los problemas del valor y del gusto en el arte parecen adecuarse penosamente a una idea de "acuerdo constitucional" sobre lo que debe hacerse. Más que en ninguna otra esfera, en el arte es tan difícil instituir lo posible como lo prohibido. Esta dificultad frustra a la censura, cuyos argumentos (religiosos, políticos, nacionales, revolucionarios) carecen de otro sustento que la fuerza; cuando irrumpe la democracia en la esfera del arte también se impone el pluralismo como principio de regulación de posiciones diferentes. Ese pluralismo asegura una equivalencia universal: "todos los estilos parecen más o menos equivalentes e igualmente (poco) importantes". Nadie podrá ser condenado por sus ideas estéticas, pero nadie tendrá los instrumentos que permiten comparar, discutir y validar las diferentes estéticas. El mercado, experto en equivalentes abstractos, recibe a este pluralismo estético como la ideología más afín a sus necesidades.

Queda, sin embargo, una conversación interrumpida: durante siglos algunos hombres y unas pocas mujeres excepcionales discutieron sobre arte *como si* la discusión de sus valores fuera posible. El arte se movió dentro de esta "ficción" que fue, al mismo tiempo, el impulso de su productividad, por lo menos en Occidente. La hipótesis de la existencia de valores que pudieran ser fundados dentro de la esfera estética dio origen, por otra parte, al proceso de independencia de lo estético respecto de la religión, de la política, de las autoridades tradicionales y del poder. Hoy esa independencia es un lugar común incluso en aquellos lugares donde la censura impide ejercerla. Pero en ese lugar común crecen otros problemas. Si la opinión de los poderosos no tiene más fundamento que la de los artistas, la opinión de los artistas, inversamente, carecería de otra fuerza que la que éstos puedan obtener en dos lugares: su propio campo y el mercado.

La sociología cree demostrar que los valores defendidos o atacados en el campo del arte responden a una lógica que es artística en la medida en que regula las relaciones entre artistas, pero no como lógica interesada sólo en el arte. Si esto es así, hay otro escenario donde se despliega una verdad sobre los valores estéticos; y el fundamento de esos valores debería buscarse más en las leyes de la competencia entre artistas que en las "reglas del arte". El movimiento de cambio ininterrumpido, la religión de "lo nuevo" y la búsqueda de "originalidad" (que fueron consignas del arte moderno) tuvieron un efecto disolvente sobre las autoridades estéticas constituidas, debilitaron el peso de la tradición y permitieron el despliegue de enfrentamientos ininterrumpidos entre quienes defendían ciudadelas establecidas en el campo artístico y quienes llegaban a él para ocuparlas. En esta guerra de posiciones, los jóvenes, los artistas que no mantenían vínculos con las elites, los intelectuales cuyo origen podía rastrearse en el pueblo, argumentaron su derecho apoyándose en diferenciaciones estéticas y también en consignas extraestéticas. Pero en el revés de esta trama, la competencia mostraba la verdad negada por quienes participaban en el torneo. Una diferencia estética no era sólo eso y, en el límite, bien podía ser pensada como otra cosa: la buena conciencia de una lucha por el éxito.

Si se acepta esta descripción, el "desinterés" en la discusión de valores estéticos es sólo una ideología más de las que cohesionan la república de los artistas asegurándoles una identidad sostenida en virtudes imaginarias (el amor al arte, la representación de aquellos que no tienen voz, la defensa de las tradiciones o el descubrimiento de lo nuevo, la construcción de la nacionalidad, la búsqueda de la belleza o de la justicia). La idea de misión en el mundo, la tensión profética, el retiro en el arte como único lugar donde no valen las concesiones o, por el contrario, el arrojarse en la sociedad para cumplir en ella un destino, son relatos donde, como en un policial, sería necesario buscar, en las sombras, los verdaderos móviles. Sin fundamento en autoridades constituidas y sin fundamento autosuficiente en el territorio del arte, la objetividad de los valores estéticos ha sido dada de baja.

A los críticos, que creyeron hablar sobre el arte desde un saber que les permitía ver algo distinto de lo que veían los artistas y más de lo que veía el público, también se les aplica esta dura ley. Su juicio tiene tanto o tan poco fundamento como el de los artistas. Así, no habría otra salida que el relativismo tolerante, una posición que hubiera hecho radicalmente imposible tanto al arte del siglo XIX, desde el romanticismo hasta el impresionismo, como a las vanguardias del XX. Estos movimientos tuvieron vocación de absoluto y su experimentación estética sostuvo, sin reticencias, convicciones excluyentes, partidistas y conflictivas. En cada posición triunfante podrían leerse las alternativas descartadas, reprimidas por ilegítimas o abandonadas por arcaicas.

Presento así las cosas porque me interesa tomar *al pie de la letra* la descripción sociológica y sus consecuencias. Lo que por hábito se llama "posmodernidad" (digamos: una "condición" amasada con los fermentos de la crisis de las vanguardias históricas y los restos de paradigmas que garanticen un mínimo de objetividad) tuvo sus profetas y habría que buscarlos precisamente en las voces que desnudaron la ciega confianza de los modernos en sus razones. Y no me estoy refiriendo únicamente a la genealogía filosófica de la posmodernidad sino al ácido sociológico y antropológico que, con menor imaginación pero con empecinada persistencia, nos mostró el vacío de fundamento de los modernos y, en consecuencia, la vanidad de todo intento de construir límites y legislar sobre el arte. En este sentido, la condición posmoderna tiene una inspiración inevitablemente sociológica: *su autoconciencia es la sociología* que le permite instalar el relativismo valorativo como horizonte epocal.

Ha sido desalojada la ficción que hacía posible la cabeza bifronte de la modernidad: por una parte, su vocación universalista y su tendencia a la exclusión de las diferencias; por la otra, su deseo de objetividad y de racionalidad, que se iluminaron en el contraste de un gigantesco despliegue de subjetividad, individualidad y fuertes marcas de estilo. En la quiebra de ese espíritu llamado moderno, perdieron sustento quienes, sensibles a las vueltas y revueltas de la historia, inventaban un camino allí donde hoy sólo parece posible reconocer una multiplicidad de sendas. Por lo menos en Occidente, la vocación de absoluto de los artistas e intelectuales quedó debilitada probablemente para siempre, pero una institución, en cambio, se despliega como nuevo paradigma de libertades múltiples: el mercado. En lo que aquí importa, el mercado de bienes simbólicos.

Quiero medir las consecuencias de lo dicho. La existencia, el reconocimiento y la disputa por lugares autorizados en materia estética tuvo a los artistas como voces que impugnaban el juicio del "sentido común" y agitaban sus credenciales como apoyo en la difusión propagandística de sus opiniones. Por odioso que resulte, en materia estética (o, llegado el caso, filosófica) los principios y los valores no estaban vinculados, de manera directa, con la cantidad de adhesiones que un objeto o un texto suscitaran. Como se ha dicho muchas veces, el saber delimitó una zona sagrada desde donde se ejercen poderes nuevos y diferentes a los que fueron instituidos por la revelación religiosa o la tradición.

Una paradoja de la modernidad es, precisamente, esta relación que une saber y poder de manera más enredada de lo que muestran las versiones simples. En lo que se refiere a los saberes (entre ellos, las "reglas del arte"), la modernidad podía ser liberal pero no democrática; incluso, podía no ser liberal en absoluto. Así, la desconfianza ante el "sentido común" atraviesa la historia de las concepciones de arte y de cultura. Por eso, la modernidad, cuando es sensible a la democracia, es pedagógica: el gusto de las mayorías debe ser educado, en la medida en que no hay espontaneidad cultural que asegure el juicio en materias estéticas. Lo mismo podría decirse de las más diversas variantes de pedagogía política.

La modernidad combinó el ideal pedagógico con un despliegue del mercado de bienes simbólicos más allá de todo límite pensable hasta entonces. Pero en este doble movimiento encontraría una lección impensada: el mercado y lo que luego se llamó "industria cultural" minaban las bases de autoridad desde las que era apropiado pensar en un paradigma educativo en materia estética. La contradicción fue percibida muy tempranamente por quienes diagnosticaron en el "arte industrial" la sentencia de muerte de los valores refinados de los que las elites culturales se pensaron como portadoras y, según los casos, propagandistas o últimos bastiones. Inevitablemente, el mercado introduce criterios cuantitativos de valoración que contradicen con frecuencia el arbitraje estético de los críticos y las opiniones de los artistas. La idea misma de popularidad no podía sino ser examinada con desconfianza ya que sobre ella se erige la contradicción que está instalada en el corazón mismo de la democracia. A quienes, desde hace casi doscientos años, anunciaron una catástrofe desencadenada por la opinión del mayor número en materia de arte y de cultura, respondieron aquellos que prefirieron correr los riesgos de una democratización de las bellas letras y las artes, confiando en la eficacia de las instituciones pedagógicas (cuyo poder, sin embargo, también empezaba a agrietarse). Ampliación de los públicos y decadencia de los valores fueron dos temas encadenados fatalmente. Mientras el paradigma pedagógico pudo sostenerse, el conflicto no asumió todos los rasgos de un dilema.

¿Hay que aceptar esta fatalidad y salir del dilema por la única puerta que parece entreabierta? Me refiero a la salida de emergencia descubierta por el neopopulismo cultural, que encuentra en los síntomas del mercado un reemplazo capitalista a la vieja noción romántica de Pueblo. Para utilizar sin sobresaltos esta salida de emergencia, hay que hacer ojos ciegos frente a algunas cuestiones. La primera es la ley de hierro del mercado: el lucro, sobre el cual es imposible pronunciar ninguna condena arcaizante que sólo sirve para tranquilizar la moral de los intelectuales. Pero sería preferible que la tolerancia no se enlazara amistosamente con la incapacidad de ver: del mercado de bienes simbólicos no está de moda hablar en términos de lucro, maximización de la ganancia, competencia económica, términos de los que a nadie se le ocurriría prescindir en relación a otros mercados. La sociología de la cultura señaló modos de funcionamiento de los artistas que impiden considerar el campo estético como un reino de espíritus liberados de toda otra pulsión que no sea la del arte. Creo que los límites de esta descripción son, en todo caso, menos estrechos que los que encierran al optimismo de mercado en su celebración del reemplazo de una autoridad estética por un conjunto atomizado de consumidores.

Y si esto es así, ¿cuál es el porvenir del arte que todavía o quizás nunca sea arte de masas, ni participa en el mercado como un bien apetecible para los actores capitalistas que definen sus tendencias? La pregunta tiene algunas respuestas en lo que hoy llamamos "políticas culturales" desarrolladas por Estados que no confían todo el destino de la cultura a la dinámica mercantil.

Pero esta perspectiva no es la que me interesa desarrollar acá. Intento más bien retomar una pregunta sobre la institución del gusto y de los valores: si las certezas elaboradas por los artistas y los filósofos han entrado en crisis porque, examinada de cerca, toda legitimidad estética se desdobla en una lucha por la legitimidad social; si la problemática de la relación entre representación estética y sociedad, la dinámica de lo nuevo y el proyecto mismo de las vanguardias han sido explicados por las leyes que rigen la competencia entre artistas y las luchas para imponer definiciones institucionales de arte; si el relativismo valorativo puede considerarse la única creencia fuerte que pasa de la modernidad a la posmodernidad, entonces: ¿existe otro lugar que no sea el mercado donde pueda pensarse en la institución de valores? En el mercado se hacen oír las voces que no tienen autoridad para hablar en la sociedad de los artistas: el público, cuyo saber es inespecífico, vale allí tanto como quienes poseen saberes específicos. En última instancia, el público podrá decidir si le parecen atinadas o convenientes o simpáticas o aceptables o entretenidas las opiniones de los críticos y las declaraciones de los artistas. Podrá conceder a algunos personajes la posibilidad, temporaria, de indicar tendencias del gusto; y podrá revocar esa concesión sin necesidad de explicar razonadamente los motivos de la caída en desgracia; podrá coronar a un artista y destronar al que ayer fue el favorecido; podrá despreciar e ignorar, celebrar o respetar, aplicar las preferencias tan firmemente como lo permitan el peso de sus intervenciones en el mercado que, a través de mecanismos diversos (la información del best-seller o de la taquilla) se transforman alquímicamente en opinión pública. La autoridad de los especialistas está herida para siempre y éstos (que unían saber y poder en aquella visión convincente y crítica de la modernidad) tienen que buscar en otra parte el poder que, antes de la expansión ilimitada del mercado, les reconocían sus camaradas de armas y también el público.

Las fuentes de legitimidad se han multiplicado: no se habla porque unos pocos reconozcan a alguien ese derecho. Excepto que se quiera hablar para esos pocos, se deberá conseguir una autoridad que no depende por completo ni del discurso ni de los expertos en discursos, sino teóricamente de "todos". Es cierto que la comunidad de los artistas y de los críticos sigue laudando, construyendo reputaciones y organizando jerarquías. Pero esto sucede sólo allí donde es poderosa (porque ese poder le ha sido reconocido, porque no lo ha perdido del todo, porque el mercado necesita autorizarse en esas autoridades, porque el Estado ha decidido tratarla según políticas específicas, porque el *lobby* del arte conserva vías de comunicación con otros *lobbies*). La pulseada entre los artistas y el mercado no está resuelta del mismo modo en todo Occidente. Además, las fuerzas que se sientan alrededor de una mesa de negociaciones no tienen la misma capacidad de acción ni medios equivalentes para intervenir en el mercado y pasar, así, la prueba democrática del éxito.

La cuestión es bien complicada, pero no puede decirse que sea nueva. La crisis de objetividad, la desaparición de las "evidencias", la inseguridad de los fundamentos, la disolución de creencias legitimistas y su reemplazo por nuevas creencias antijerárquicas, son capítulos de un largo proceso nivelador que produjo, en política, la institucionalidad republicana, cierto tipo de populismo, el democratismo. En este proceso algunos saberes se separaron del poder, se difundieron en la sociedad, se aliaron con aquellos despojados de saberes prestigiosos, se enfrentaron a saberes tradicionales y a posiciones adquiridas. La opinión del común comenzó a ser una dimensión inescindible de la opinión pública.

En el campo del arte, la revolución democrática instaló sus dilemas y paradojas hace casi doscientos años. Pero hubo que llegar a la mitad del siglo XX para que el proceso de nivelamiento antijerárquico se uniera, en una combinación que hoy parece indisoluble, con la industria cultural y, especialmente, los grandes medios de comunicación de masas. A lo largo de las décadas, el público no sólo se expandió, sino que se independizó de instituciones más tradicionales (gestionadas por los expertos en la formación del gusto) para trabar un diálogo ininterrumpido con otros expertos (los hoy llamados intelectuales massmediáticos). Crecimiento del público y tendencias antijerárquicas son dos superficies de un mismo plano: vienen juntas y nadie puede esperar el milagro de permanecer en una sin patinar hacia la otra.

Pero no es indispensable creer que todos los resultados de un proceso de expansión y nivelación deben ser celebrados al unísono. En especial si el mercado, que es un espacio seguramente imprescindible de circulación y distribución, agrega a las tendencias igualitaristas un antiigualitarismo basado en la concentración del poder económico. No es indispensable celebrar la decadencia de la autoridad de los artistas e intelectuales cuando ella se produce por el ascenso de los gerentes de la industria cultural. Parece innecesario decirlo: *el mercado cultural no pone en escena una comunidad de libres consumidores y productores.*

Si el relativismo es un ideal de tolerancia, no es el mercado de bienes simbólicos el espacio donde ese ideal se despliega. Más bien, el mercado opera como consulado del gusto: unos productos circulan con visados preferenciales, otros son favorecidos por políticas proteccionistas, unos pocos son desterrados, una cantidad considerable tiene problemas serios de ingreso. El gusto se forma en la colisión y la alianza de todas estas tendencias. En nombre del relativismo valorativo, y a falta de otros criterios de diferenciación porque precisamente son los fundamentos del valor los que han sido erosionados, se opera *como si* el mercado fuera el espacio ideal del pluralismo. Aunque también podría pensarse que más que neutralidad valorativa lo que el mercado ejerce son fuertes intervenciones sobre los artistas y sobre el público. Un *absolutismo de mercado*, especialmente en aquellas producciones artísticas vinculadas a las industrias audiovisuales, reemplaza la autoridad de viejo tipo.

El neopopulismo de mercado y los defensores del relativismo valorativo en materia de arte, por caminos diferentes, terminan de socavar el fundamento estético que una perspectiva sociológica había desnudado en su mecánica profana. La desacralización del arte parece una consecuencia irreversible de dos amplios movimientos perfectamente inscriptos en la lógica de la modernidad. Por lo general, hay poco que lamentar frente al retroceso de autoridades basadas en la exclusión o el tradicionalismo. Sin embargo, algo indica que los carismas que, antes, el artista llevaba como marca de su condición excepcional han sido transferidos a otros portadores de quienes todavía está por verse si escribirán una historia a la altura del aura que los ilumina: los consagrados únicamente por el mercado parecen tan poco dispuestos como los antiguos héroes culturales a adoptar una perspectiva relativista. Esta sería una pretensión atendible si no estuviera acompañada por el ejercicio de un absolutismo de nuevo tipo, apoyado en nociones que merecen ser tan escrutadas como las que se quebraron hace décadas. El mercado de bienes simbólicos no es neutral y, como cualquier otra institución que lo haya precedido, forma el gusto, instituye criterios valorativos y gira sobre el conjunto del capital cultural colonizando incluso los territorios que fueron abiertos por las vanguardias de este siglo. Para los grandes públicos, el mercado y algunas instituciones vinculadas directa o indirectamente a sus tendencias reemplazan, con similar autoridad, a los prestigios carismáticos tradicionales y a los consagrados por la modernidad.

Lo que el mercado tiene que decir sobre el arte es bien interesante: cómo se impone una estética en la costa oeste norteamericana, cuánto suben las acciones de un artista si se monta una retrospectiva de su obra en el Pompidou, cuánto valen en la construcción de una fama dos bibliográficas en el *New York Times* o tres reportajes en un diario latinoamericano, cuánto más pesa un Oscar que un premio en Cannes o viceversa. Esto que el mercado dice no es para nada intrascendente: forma parte de un mapa cuyos hitos dependen de las costumbres y de las instituciones; el público se desplaza sobre esta cartografía cambiante, elige a veces algunos territorios mientras que, otras veces, es deportado a las zonas que el mercado considera conveniente; algunos públicos ocupan siempre las mismas franjas, como si estuvieran confinados; otros han aprendido a desplazarse entre regiones diferentes y a elegir sus destinos. Nadie se mueve haciendo uso de una libertad sin límites; los más pobres, los menos favorecidos, son prisioneros de su lugar de origen.

La neutralidad valorativa indica que es más democrático pensar que todo es posible e igualmente legítimo. El pasado del arte es un gran depósito al cual se puede recurrir para buscar lo que se necesita y no hay otra regla que la que gobierna la entrada y salida de mercancías. Sin embargo, la situación no autoriza al optimismo: se ha producido una fractura entre artistas y público de masas que las vanguardias cultivaron como su signo de diferencia pero a la que, al mismo tiempo, quisieron exorcizar violentando los límites establecidos institucionalmente para el arte. En esa fractura, el mercado trabaja para sí y no para una utopía de igualitarismo estético. En esa fractura, hay poco que pueda interesar a una discusión sobre el arte. El absolutismo implantado por el relativismo estético es una de las paradojas, quizás la última, de la modernidad. También en este caso, en el revés de una posición triunfante, por más justa que ella parezca, podría descubrirse un hecho de barbarie.

Socavados los fundamentos del valor estético, quedan los expertos (del mercado, de la academia, de los medios) más fortalecidos que nunca. Si antes la legitimidad debía conseguirse en largas contiendas interiores al campo artístico, hoy puede obtenerse en instituciones más desinteresadas de las perspectivas estéticas. Mientras se afirma la soberanía del público se remachan los mojones que designan los territorios donde esa soberanía cree ejercerse. La discusión sobre valores en el arte excluyó a millones porque, efectivamente, era una discusión entre protagonistas. El hecho de que hoy esa discusión haya sido extirpada de la agenda (que se la considere, a veces, pasada de moda y otras veces se le impute una vocación de absoluto típica de la modernidad que se quiere dejar atrás) puede ser un signo de la democracia de los tiempos. Como sea, también habría que considerarla un resultado de la expansión nunca conocida como hoy del mercado capitalista en la esfera artística. Y, se sabe, el mercado es, como la imagen mítica de la justicia, ciego ante las diferencias.

El pluralismo y la neutralidad valorativa, por otra parte, no significan lo mismo en la esfera del arte que en la perspectiva desde la que se juzgan las diferencias entre los pueblos o las costumbres. Más aún, podría decirse que el arte vive no de la coexistencia de las diferencias sino de la utopía de un absoluto. Son los Estados y las instituciones los guardianes de la ecuanimidad; los artistas parecen haberse adecuado mejor a las posiciones excluyentes. Quizás abordar la esfera estética desde la perspectiva del pluralismo religioso o político signifique, en lugar de colocarla en una luz sociológica verdaderamente reveladora, oscurecer algunos de los rasgos que verdaderamente la definen.

El hecho de que los valores sean relativos a las sociedades y a las épocas no priva de todo interés al debate sobre cuáles son esos valores para nosotros. Saber que ellos no deberán ser impuestos a otras culturas, es un obstáculo al absolutismo; pero la moral relativista no debería imponernos el absoluto de una renuncia. En materia de arte, una fuerte toma de partido que haga posible la discusión de valores puede hacer evidente para muchos la significación densa (la más densa de las significaciones en la sociedad contemporánea) del hecho estético: aun cuando se reconozca que instituir valores para la eternidad es una ilusión.

Capítulo V

INTELECTUALES

Pensaron que estaban en la vanguardia de la sociedad; que eran la voz de quienes no tenían voz. Creyeron que podían representar a quienes vivían agobiados por la pobreza y la ignorancia, sin entender cuáles eran sus verdaderos intereses ni el camino para alcanzarlos. Pensaron que las ideas podían bajar hasta aquellos (los obreros, los campesinos, los marginados) que, sumergidos en un mundo ciego, eran víctimas de su experiencia. Se sintieron portadores de una promesa: obtener los derechos de quienes no tenían ningún derecho. Pensaron que sabían más que el común de la gente y que este saber les otorgaba un sólo privilegio: comunicarlo y, si era preciso, imponerlo a mayorías cuya condición social les impedía ver claro y, en consecuencia, obrar en el sentido de sus intereses.

En sociedades donde el saber se volvía cada vez más importante para la producción y la reproducción de la vida, encontraron en sus propios saberes una fuente de poder. A veces lo usaron para disputar con los ricos y con la autoridad; otras veces lo usaron para imponer sus puntos de vista sobre los desposeídos.

Se organizaron en logias, en clubes, alrededor de revistas, en partidos. Las revoluciones (de izquierda y de derecha) los tuvieron en primera fila: fueron actores protagónicos en los regímenes revolucionarios, tanto que llegaron a convertirse en dirección de las nuevas sociedades surgidas del molde preparado por sus ideas. Estuvieron dispuestos al sacrificio; fueron exiliados, perseguidos, encarcelados, torturados, asesinados, excluidos, censurados, deportados, privados de su nacionalidad, proscriptos. A su vez, estuvieron dispuestos a teorizar la necesidad de organizaciones de hierro, completamente centralizadas y verticales, panópticos desde cuya cabina de dirección se podía ver todo y decidir sobre todas las cosas. Hubo líderes intelectuales que sospecharon de los intelectuales en general porque no se mostraban perfectamente dispuestos a abandonar perspectivas específicas en función de la tarea histórica que el saber y el poder del saber les había puesto entre las manos. Creyeron entonces que el cambio social es algo que muy pocos pueden dirigir y al que deben plegarse, por la argumentación, la educación o la fuerza, los dirigidos. Se insultaron, se persiguieron, debatieron, ignoraron a otros de su mismo género.

Tuvieron la pasión de lo universal: los derechos del hombre y el ciudadano; los derechos de la clase obrera que, si realmente se hacía cargo de sus tareas, podía convertirse en una fuente de libertad para todos los oprimidos. Esa pasión de lo universal los obligó a responder de mala manera a las perspectivas particularistas, que consideraron frutos, tardíos y extirpables, del atraso o de operaciones del enemigo en el campo del pueblo. Creyeron que las vanguardias políticas eran indispensables en las condiciones de lucha por el progreso y la revolución. Y también indispensables porque la espontaneidad de las masas que debían participar en esas luchas no aseguraba, por sí sola, un desarrollo progresista.

Fueron consejeros de príncipes, de dictadores, de autócratas esclarecidos, de otros intelectuales convertidos en políticos, de políticos intelectuales y de políticos que tuvieron poco que ver con el mundo de las ideas. Hablaron para el Pueblo, para la Nación, para los Desposeídos del Mundo, para las Razas sometidas, para las Minorías. Cuando se dirigieron a esos interlocutores pensaron que les trasmitían una verdad que ellos habían descubierto y que los otros no podían descubrir librados a sus propios medios. Por eso se sintieron Representantes, hombres y mujeres que tomaban la palabra *en lugar* de otros hombres y mujeres. Y, por eso, confiaron en que esa representación, ese decir lo que otros no pueden ni saben decir, era uno de sus deberes: el deber del saber. Debían liberar a los otros de las trabas que les impedían pensar y actuar; mientras tanto, mientras esa conciencia nueva no se impusiera sobre sus portadores futuros, hablaron en nombre de ellos. Creyeron poseer verdades que debían ser trasmitidas, generalizadas, difundidas, impuestas sobre el error.

Se sintieron héroes, guías, legisladores. Muchos pensaron que su misión transformadora era una misión pedagógica y que las sociedades podían ser modeladas si el saber invadía todos los espacios sociales que, hasta entonces, parecían despojados de saber. La educación de los no educados pasó a ser una misión de intelectuales que transfirieron también a los Estados nacionales este programa de mejoramiento ideal de los pueblos. Pero, a veces, admiraron las virtudes "espontáneas" del pueblo, de los campesinos, de los marginales, que, de todas formas, para aparecer como virtudes, necesitaban de su mirada experta. Ellos descubrirían fuerzas que sus portadores desconocían; ellos señalaban la sabiduría de quienes no se consideraban sabios.

Fundaron su poder en el saber. Pensaron que la difusión del saber era una fuente de libertad. Durante mucho tiempo pasaron por alto que el saber puede ser un instrumento de control social. Pero *nadie* como ellos denunció que el saber puede ser un instrumento de control social.

Filósofos, moralistas, escritores, artistas: hablaron ante los poderosos sobre el pueblo oprimido; hablaron directamente a los oprimidos para enseñarles el camino que los liberaría de sus cadenas; hablaron entre sí, en una larga conversación que ya lleva siglos, sobre si es bueno hablar con los poderosos, sobre cómo es posible hablar con los oprimidos; sobre qué hay que decir en cada caso. Pensaron que podían dirigirse a la sociedad y pensaron que podían ser escuchados: durante mucho tiempo, fueron escuchados, respetados, consultados (por esa misma razón, también fueron reprimidos). Juzgaron y denunciaron atrocidades; la ideología o la lealtad a viejas lealtades les impidió juzgar y denunciar otras.

Muchos artistas no respetaron las fronteras del oficio y la particularidad de su llamado. Fueron intelectuales, y creyeron que el arte tenía algo que decir a la sociedad: eco sonoro de la época, embajadores de la belleza ante las masas que a veces podían reconocerla y enceguecían ante su resplandor; fueron un espejo de la sociedad o quisieron que sus obras fueran un espejo llevado por todos los caminos; exploraron como nadie (o quizás sólo como los santos) los límites de la experiencia, de lo permitido, de la moral; criticaron las costumbres y se proclamaron por encima de ellas. Por eso, muchos fueron encarcelados, confinados en manicomios, reducidos a la mendicidad. Pero otros reinaron como estrellas en los salones, en los teatros, en los periódicos.

Pensaron que el público era una comunidad ilustrada de iguales a la que debían conquistar con sus obras. También pensaron que el público era un rebaño de burgueses mediocres y filisteos, únicamente interesados en sus negocios y sus placeres, a quienes había que despreciar si se era un verdadero artista. A veces imaginaron que las mujeres eran más sensibles y mejor preparadas para entender el arte; otras veces, encontraron en ellas un absoluto inalcanzable; las soñaron como ángeles o como demonios hundidos en su sensualidad, que corroían el ideal y la voluntad de belleza. Escribieron para el Pueblo o para la Nación; pensaron que sus escritos construían al Pueblo o a la Nación. Escribieron sólo para sus iguales, despreciando a todos los públicos; escribieron para ser aclamados y también escribieron para no ser leídos hasta muchos años después. Unos escribieron para la eternidad y otros sólo creyeron en el valor de sus obras si eran reconocidas en el presente. Se pensaron como intérpretes del gusto de una república de iguales; pero también pensaron que sus obras eran la más definitiva de las rupturas con lo que sus iguales y el resto del mundo juzgaba que era el arte.

Despreciaron el pasado, debatieron con las tradiciones, las aceptaron para traicionarlas, las ignoraron.

Como las vanguardias políticas, creyeron ser la vanguardia del arte. Allí produjeron lo mejor de la cultura de este siglo, en ruptura con el gusto establecido, con la moral aceptada, con la idea misma de arte. Se sintieron aislados, incomprendidos, rechazados y, al mismo tiempo, creyeron que en sus actos estaba encerrado el futuro. Fueron adoptados por algunas elites, cortejados por el nuevo arte de masas y los gerentes del cine; participaron en batallas decisivas de la modernidad, donde todo fue dicho y todo lo que había sido dicho antes fue puesto en cuestión. Estuvieron solos y quisieron llevar el arte hasta los límites mismos de la vida. Se sintieron parte de la historia y adhirieron a las revoluciones, militaron contra las guerras, hicieron guerras, se fundieron en un abrazo terrible con las vanguardias políticas y, al salir de ese abrazo fueron repudiados o perseguidos por los regímenes que habían apoyado.

Algunos fueron radicalmente intransigentes hasta el punto de dejar de entender la cultura en la que vivían; otros se acomodaron a circunstancias cambiadas y buscaron el calor del poder, la popularidad o la riqueza. Hubo quienes realizaron estos dos movimientos casi al mismo tiempo.

Vivieron el dilema de su ser de artistas, de filósofos, de intelectuales: en su diferencia encontraron la razón para comprometerse con la sociedad. De su diferencia extrajeron la fuerza y la legitimidad que les permitió hablar a las sociedades y a los pueblos. Pero también criticaron esta ilusión y señalaron que sólo se trataba de ficciones embellecedoras que servían para conservar las posiciones adquiridas.

Se sintieron libres frente a todos los poderes; cortejaron todos los poderes. Se entusiasmaron con las grandes revoluciones y, también, fueron sus primeras víctimas. *Son los intelectuales*: una categoría cuya existencia misma hoy es un problema.

Es imposible regresar al pasado. Lo que fue, fue. Esa lección de la modernidad quizás sea una de las pocas que quedan intactas. Una visita nostálgica a la galería donde se alinean los grandes tipos intelectuales de los últimos dos siglos sólo podría aceptarse como recorrido por una tradición que ha sido cerrada por los hechos. Sin embargo, la función crítica, que, entre otras funciones, tuvieron los intelectuales y las vanguardias, todavía ejerce un llamado poderoso porque no se han desvanecido las injusticias que dieron impulso al fuego donde se impugnaron poderes absolutos y legitimidades basadas en la autoridad despótica y la concentración de riquezas.

Las sociedades que surgen de la modernidad tardía (eso que llamamos taquigráficamente "posmodernidad") están lejos de realizar un ideal igualitarista y democrático. El derrumbe final de los regímenes del socialismo real pone en escena una pesadilla paleo-futurista a escala gigantesca, con el resurgimiento de los nacionalismos racistas acompañados por la afonía y el descrédito de todas las voces que se empeñan en rescatar de los sueños pasados algunos valores para el presente. El capitalismo vive su tercera revolución científico-técnica en un marco de sociedades fracturadas por líneas de pobreza y desquiciadas por el florecimiento de ideologías individualistas y antisolidarias. Si en los países centrales la riqueza permite políticas compensadoras por parte del Estado y los movimientos sociales intervienen significativamente en la esfera pública, en los países periféricos el estallido del fin de siglo muestra, más que la diversidad cultural y social, la diferencia intolerable de la miseria y la riqueza.

No puede haber regreso nostálgico a las imágenes que en el pasado parecían justas y buenas, pero tampoco puede admitirse conformidad acrítica con lo que surge de su quiebra. La figura del intelectual (artista, filósofo, pensador), tal como se produjo en la modernidad clásica, ha entrado en su ocaso. Pero algunas de las funciones que esa figura consideraba como propias siguen siendo reclamadas por una realidad que ha cambiado (y por lo tanto ya no acepta legisladores ni profetas como guías) pero no tanto como para volver inútil lo que fue un eje de la práctica intelectual de los últimos dos siglos: la crítica de lo existente, el espíritu libre y anticonformista, la ausencia de temor ante los poderosos, el sentido de solidaridad con las víctimas.

Aparentemente, pocos reclaman las intervenciones intelectuales y pocos intelectuales están dispuestos a reivindicarlas, entre otras razones porque todavía está fresco el recuerdo de los errores que el vanguardismo político (un estilo intelectual por excelencia) cometió en este siglo. Hemos aprendido, además, la enseñanza de grandes movilizaciones exitosas de las últimas décadas: el feminismo, los movimientos de derechos humanos, la minorías raciales y culturales enseñaron a valorizar la riqueza de las diferencias, que se acuerda mal con la vocación de absoluto y la fuerte tensión abstracta de los intelectuales del pasado. Además, en el clima distendido y distante que se ha impuesto, los gestos heroicos del intelectual santo o profeta suenan especialmente fuera de ritmo con la melodía asordinada de la época. Vivimos un "clima desensibilizado" (se ha dicho) donde las declaraciones de principio retumban a destiempo.

Nadie, por otra parte, quiere arriesgarse en rupturas dramáticas: el mito de la revolución mostró su costado siniestro y los cortes en la historia que, antes, se fantaseaban como limpios tajos en el tiempo, han revelado que cicatrizan conservando las marcas más siniestras del pasado. Nadie quiere abandonar lo que, en verdad, se ha ganado: el respeto por las diferencias, la pluralidad, el principio relativista. Se afirma que el intelectual, si verdaderamente quiere ser eficaz en su sociedad, debe medir en milímetros la distancia crítica, para evitar toda separación demasiado espectacular respecto de la comunidad a la que se dirige. El modelo de intervención heroica ofrecido por el vanguardismo no interpela a nadie: porque las sociedades se han alejado de los ideales (que son el impulso del heroísmo) o porque han entendido que los cambios pueden ser producidos sin la violencia material o simbólica de la santidad, sin la soledad de la profecía, sin la autoridad del guía iluminado. Como sea, nadie está a la búsqueda de un modelo heroico.

Además, quienes antes eran considerados intelectuales son los primeros en rechazarlo, y no sólo porque hayan realizado a fondo la crítica del elitismo heroico de los intelectuales modernos de viejo tipo. También porque las instituciones han cooptado exitosamente a los portadores del saber indispensable para ejercer la crítica. Los intelectuales públicos, es decir hombres y mujeres cuyo teatro era la esfera pública, han entrado por miles en una zona especializada de lo público: la academia. Y en ella trabajan como expertos y no como intelectuales.

Los expertos, igual que los intelectuales de viejo tipo, construyen poder sobre su dominio de un campo de saberes o de técnicas. Allí donde el saber es una dimensión inescindible de la producción social y de la producción de lo social, forman, como expertos, una nueva fracción dominante cuyo peso crece a medida en que los saberes necesarios para producir decisiones son cada día más complejos. Los expertos, como expertos, tienden a demarcar los límites de lo posible y su opinión (que parece libre de toda ideología porque la ciencia y la técnica la autentifican) define políticas de largo alcance. En un clima donde se celebra el fin de las ideologías, los expertos encarnan la figura de la historia: garantizan el pragmatismo y fundan una forma nueva de realismo político. Integran las burocracias estatales que, en muchos países, se colocan por encima de las lealtades políticas y de los gobiernos. Son la continuidad técnico-administrativa del Estado y se consideran, como el Estado, por encima de las fracciones sociales y de sus intereses. Hablan en nombre de un conocimiento técnico que, como el dinero, no tiene olor.

Durante décadas, los expertos coexistieron con los intelectuales de viejo tipo: unos desconfiaban, con razón, de los otros. Hoy la batalla parece ganada por los expertos: nunca se presentan como portadores de valores generales que trasciendan la esfera de su *expertise*, y, en consecuencia, tampoco se hacen cargo de los resultados políticos y sociales de los actos fundados en ella. Naturalmente, la división entre intelectuales y expertos es sutil: por una exigencia de su posición en la estructura política, un experto que se convierte en ministro de Economía necesita tener un discurso no sólo sobre lo técnicamente posible sino sobre lo que se considera deseable para la sociedad. En ese caso, el experto presenta una teoría del buen gobierno, que no carece de principios generales y que suele ser tanto o más fundamentalista que la de las viejas vanguardias políticas.

Pero junto a él, en la academia y el aparato del Estado, están miles de expertos que consideran a su práctica como *no política*, aunque actúen políticamente todo el tiempo; también estiman que su saber es una propiedad no atravesada por ideologías ni intereses. Estos expertos son hombres y mujeres de la burocracia administrativa y científica que, en las naciones centrales, disfruta de una estabilidad segura, y, en países como el que vivimos, atraviesa peripecias más estrechamente ligadas a los procesos políticos, pero que, de todos modos, la democracia tiende a consolidar. Apoyados en la credibilidad de la ciencia y la técnica (que quizás sean hoy, junto a las neoreligiones las fuentes principales de donde fluye la creencia hacia el sistema linfático de los mass-media), los expertos, en primer lugar, creen en su neutralidad respecto de los valores y, luego, en que un aspecto central de su tarea es proteger esa neutralidad. Opinan como expertos desde las bases académicas o los portaviones de gobierno, y su opinión, porque es *precisamente* la opinión de un experto, que se considera por encima de la disputa de intereses, obtiene un aura de objetividad.

Los medios de comunicación de masas (en especial el periodismo escrito) dan una puntada más a esta trama donde los expertos consiguen que sus juicios parezcan objetivos por el recurso de asignarle objetividad a la práctica técnico-científica. El experto es, por definición, *experto en algo*, en una región del conocimiento sobre la sociedad, sobre el arte, sobre la naturaleza, sobre el cuerpo, sobre la subjetividad. Cuanto mayor objetividad quiere garantizar para sus opiniones más debe fundarlas en el campo limitado de sus conocimientos: debe arar, sembrar y cosechar un sólo fruto y respetar los límites donde otros aran, siembran y cosechan.

Hace décadas que la filosofía no se propone sintetizar lo que se produce en esas parcelas; hace siglos que la religión no convence sino a sus más fervorosos practicantes de que ella está en condiciones de hacer la síntesis. Vivimos en sociedades laicas, pero la radicalidad del laicismo, que hace posible el pluralismo ideológico y el relativismo cultural, nos enfrenta con la encrucijada donde los valores no encuentran un terreno seguro donde fundarse. Los expertos son portadores, generalmente inadvertidos, de este vacío de fundamento. Consideran, hasta que se produce alguna catástrofe, algún Chernobyl o alguna Hiroshima, que la técnica es neutral. Hoy esto es bien evidente cuando se abren, por primera vez, las preguntas que la genética le plantea a la moral: salvo las iglesias, que tienen posición tomada, vivimos en una deriva donde se oscila entre el todo vale y los intentos de acordar un núcleo de principios que permita, al mismo tiempo, el desarrollo de la investigación científica y el establecimiento de los límites que ella pide y no puede encontrar en las fuentes propiamente científicas. Como los expertos reclaman la neutralidad valorativa están más desarmados que nunca en estas encrucijadas de donde es imposible expulsar a los valores.

El rechazo de la neutralidad valorativa es, en cambio, la condición en la que vive (o vivió) la práctica de los intelectuales. Ya pensaran que la ideología dominante presenta a los intereses de quienes dominan como el interés general; ya afirmaran la posibilidad de fundar racionalmente lo que es bueno para la sociedad; ya creyeran que ciertos valores se instituyen de manera trascendente y que la sociedad debe adecuar su orden a ellos, la práctica intelectual encuentra su impulso en la toma de partido. Su terreno es el conflicto de valores.

Es innecesario, porque todo el mundo lo recuerda, decir una vez más que estas tomas de partido produjeron lo mejor y lo más siniestro de las prácticas intelectuales de estos siglos: la denuncia del caso Dreyfus; el pacifismo durante la Primera Guerra Mundial; la lucha contra el fascismo y el nazismo; la complacencia y la complicidad con el autoritarismo soviético; la defensa de la Revolución Cubana frente a la prepotencia de Estados Unidos y también la defensa de la Revolución Cubana cuando mete presos a homosexuales, viejos revolucionarios, intelectuales descontentos; las campañas por la paz en Vietnam y la imposibilidad de ver luego, con sentido crítico, cuál sociedad se construye allí; las luchas contra el antisemitismo y también el silencio frente al racismo árabe; la denuncia del fundamentalismo árabe y también el silencio frente a los excesos cometidos en las guerras contra los árabes; el apoyo a la Revolución Argelina y la ausencia total de crítica a las formas de la revolución y a las luchas intestinas que tuvieron allí su escenario; la movilización gigantesca del feminismo y sus intervenciones estrechas en algunos episodios propios de la escena norteamericana, pero no sólo de ella; el movimiento por los derechos de los negros y el racismo negro.

La lista es interminable y no se puede realizar una suma algebraica que permita decidir si los intelectuales, que encabezaron estos capítulos muchas veces luminosos, cometieron más errores que aciertos. En realidad, es absurdo juzgar cualquier práctica humana desde una perspectiva estrechamente contable. Supongamos: como intelectual, Sartre se equivocó más veces que Raymond Aron, y David Viñas más que Ernesto Sabato, Simone de Beauvoir se equivocó menos que Rossana Rossanda, Carlos Fuentes más que Octavio Paz y Godard por lo menos tanto como Luigi Nono. O viceversa. La cuestión no está allí, salvo que se quiera averiguar el balance de una trayectoria individual (la de Sartre o la de Paz) y no de una figura social.

¿Necesitamos de los intelectuales? ¿Los intelectuales son inevitables porque los expertos, los científicos, los artistas encuentran beneficios en el ejercicio de esa función? ¿Los intelectuales son inevitables porque la sociedad se beneficia cuando ellos ejercen su función? ¿Es necesario que haya gente que hable de aquello que no la concierne directamente: Vietnam siendo argentino; los judíos o los árabes, siendo cristiano; los negros siendo blanco; los homosexuales siendo heterosexual; los pobres aunque se viva en la abundancia; los ricos, aunque sus riquezas no afecten nuestro bienestar? ¿Es mejor que de Cuba hablen sólo los cubanos, de los campos de concentración sólo los judíos, de las mujeres sólo las mujeres? ¿Esos discursos específicos tienen mayor propiedad, o mayor fuerza o mayor autenticidad? ¿Son preferibles los ghettos donde cada cual habla de lo suyo a los espacios abiertos donde cada cual habla, desde su saber y desde su interés, pero considerando otros saberes y otros intereses? ¿Es mejor una sociedad donde el juicio de los expertos sea examinado sólo por otros expertos, y el tribunal de las decisiones pase de lo global a lo particular? ¿Garantiza esto mayor pluralismo: sólo los genetistas pueden decir hasta dónde debe avanzar la ingeniería genética, sólo las minorías étnicas o culturales pueden presentar adecuadamente sus derechos, sólo los vecinos de un barrio saben qué hay que hacer en ese barrio aunque sus deseos afecten a toda una ciudad, sólo los militares pueden saber si es preferible un ejército profesional o un ejército de ciudadanos?

Si responder a estas preguntas todavía tiene sentido, la cuestión doble de quién habla y cómo se habla no ha sido liquidada definitivamente, pese a la crisis de la figura intelectual clásica. En la sociedad donde vivimos, el individualismo, el retiro de la esfera pública, la baja credibilidad de los políticos y de las instituciones políticas, la corrupción de políticos, jueces, funcionarios y capitalistas, el contenido mayoritariamente reaccionario de la prédica de las iglesias, los peores medios audiovisuales que pueda imaginarse, el retroceso de la cultura letrada y la crisis de la escuela como espacio de redistribución simbólica, producen un efecto de dispersión que no puede confundirse con pluralidad de centros dinámicos, y una pobreza de sentidos globales que no puede confundirse con autonomía de los individuos. En esta situación, el libro sagrado de la posmodernidad señala que la dispersión, la ausencia de lazos sociales fuertes, la pérdida del sentido tradicional de comunidad y la institución de comunidades de nuevo tipo (comunidades de espectadores, llamadas "comunidades hermenéuticas"; comunidades de consumidores) son fenómenos universales que vendrían acompañados de multipolaridad, desterritorialización y nomadismo, autonomía de los grupos de interés y de las minorías culturales, despliegue no competitivo de diferencias y coexistencia no conflictiva de valores.

En este país, en cambio, lo que se hace bien evidente es que la crisis de sentidos globales no conduce a acciones libres y productoras de multiplicidad de sentidos particulares, sino a una competencia donde quienes más poseen en términos materiales y simbólicos están mejor colocados para imponer el particularismo de sus propios intereses. Pero incluso en países donde los movimientos sociales alcanzan sus reivindicaciones y la sociedad debe reconocerlas institucionalmente, la pérdida de un "horizonte de globalidad" produce resultados estrechamente particularistas que no siempre se compensan con el proyecto, que nadie pudo todavía concretar, de un frente general de intereses particulares (esa hermosa "coalición arco-iris" a la que se refería Jesse Jackson en su temporada como precandidato a presidente de Estados Unidos). Y cuando las fuerzas más progresistas renuncian a moverse teniendo en vista un horizonte global, los sectores menos interesados en la transformación mantienen, *ellos sí*, la idea de que los problemas sociales se gestionan globalmente, aun cuando sus soluciones sean particulares. La capacidad de situar los conflictos particulares en un cuadro general es un instrumento político, edificado sobre el saber, las ideas, los ideales y la experiencia, al cual sólo se puede renunciar si, al mismo tiempo, se renuncia a introducir transformaciones profundas y duraderas en la sociedad.

Es claramente inútil plantear cuestiones que a nadie importan: el intelectual profeta vivió separado a tal punto de su entorno que sus palabras se volvían literalmente inescuchables para aquellos a quienes el profeta quiso alertar sobre el desastre que se avecinaba. La escucha y el diálogo viven de una distancia *media*: ni la proximidad de las comunidades cerradas que sólo pueden tolerar sus propios discursos (y son fieramente antirrelativistas y fundamentalistas), ni la distancia, a veces llamada utópica, que coloca en un mundo futuro completamente transformado el único escenario respecto del cual es posible medir los problemas presentes. Ni neotribus ni mundos imaginarios, porque en ninguno de esos dos espacios se puede construir un ideal de cosa pública, a partir del cual sea posible imaginar "acciones lúcidas" con un sentido que trascienda los límites marcados por los intereses más particularistas: del particularismo del dinero, del sexo, de la explotación de los seres humanos y de la naturaleza. En las neotribus y en los mundos imaginarios, quienes no pertenecen o no merecen pertenecer son excluidos de la solidaridad y de la comunidad de sentido: parias y exiliados de la modernidad a quienes la posmodernidad promete un rincón donde se apilan las identidades subordinadas.

Los intelectuales de viejo tipo no volverán a ser los únicos administradores de la globalidad. Por la crisis en la que se hundieron con sus errores y por el nuevo clima que no tiene interés en rescatar el estilo con el que edificaron sus aciertos, la autoridad perdida no les será devuelta en ningún proceso restaurador de legitimidades. Sin embargo, ni los que se reconocen sólo como expertos ni quienes hoy son los nuevos intelectuales electrónicos parecen actores suficientemente preparados para las tareas del presente. Unos, porque las leyes de la especialización los acostumbra a pensar con los dos ojos enfocados en un solo punto: el del saber específico, secreta o abiertamente tramado por intereses específicos. Los otros porque carecen de otro saber fuera del que producen los medios, y ése se revela insuficiente al punto en que ellos mismos recurren a los expertos en un proceso de legitimación circular. Pero tanto los expertos como los intelectuales electrónicos están en este mundo para quedarse y, si esto es así, podrán transformarse según las necesidades de este mundo. Nadie está excluido de antemano de una perspectiva desde donde la mirada pueda enfocar, al mismo tiempo, lo conocido y el horizonte más lejano donde se dibuja un paisaje social que finalmente, pese al estallido, sigue incluyendo a los particularismos.

Aunque los más variados determinismos (el determinismo económico, el determinismo técnico, el determinismo massmediático) crean que la historia se hace a ciegas, la historia no se hace a ciegas, ni es un proceso sin sujetos, ni un espacio donde la libertad está ausente. Las ideas pesan hoy tanto como las relaciones de fuerza. La crisis de sentidos nos ha privado de grandes focos de ideas generales, pero no ha privado de ideas a quienes parecen moverse ciegamente en función de sus intereses más inmediatos, ni a quienes parecen defender sólo una idea, la que los singulariza y los distingue. Tampoco ha privado de ideas generales a quienes ocupan los gobiernos y deciden sobre la suerte de las naciones. Y las ideas de los expertos, si bien parecen afectar sólo una dimensión de lo real, desencadenan procesos que tienen consecuencias sobre otras dimensiones. Hay pocos hechos en la vida social que no nos afecten a todos, aun cuando se haya sometido a crítica, con entera razón, un concepto "duro" de totalidad cuya matriz es determinista. Sin embargo, proliferan nuevos determinismos optimistas y pesimistas: el optimismo tecnológico que diagnostica en cada progreso de la ciencia una modificación auspiciosa de las condiciones de vida (en su revés, el pesimismo tecnológico, practicado por muchas de las corrientes ecologistas, que ve en cada desarrollo científico una amenaza a la diversidad natural del planeta); el neoliberalismo que encuentra en el mercado la única instancia de totalización y confía en que el mercado produzca la sociedad que se desarma justamente como efecto de los movimientos del mercado; el neopopulismo sin Pueblo y sin Nación, que considera a la opinión pública construida por las encuestas como una globalidad cuyos *Diktats* no sólo son inapelables sino invariablemente correctos.

Las preguntas ¿es justo?, ¿es más igualitario?, ¿quién se perjudica con mi acción?, ¿quién se beneficia con ella aparte de yo mismo? tienen que ser planteadas y debatidas por los ciudadanos de una sociedad democrática. Su respuesta no promete un catecismo para el buen gobierno pero, en un mundo crecientemente homogéneo y crecientemente individualista (una combinación fatal de cualidades), por lo menos permiten tomar el punto de vista de los otros. Esta sería la consecuencia pluralista de considerar cuestiones generales. Sin una perspectiva general el pluralismo no es tolerante sino particularista. Preguntas que exigen una discusión sobre la igualdad y la justicia son el límite intelectual puesto frente a desarrollos sociales que inducen a actuar desentendiéndose de una perspectiva de bien común. Por supuesto: todos sabemos que el concepto de bien común es problemático y que, a lo largo de los últimos siglos, ha sido sometido a crítica por el marxismo que lo denunció como aquello deseable por quienes tenían la suficiente fuerza económica y política para imponer sus intereses bajo la ficción ideológica del bien común. Por supuesto: también sabemos que es difícil (muchos dicen que es imposible) definir un bien común en sociedades que han perdido todo fundamento trascendente y por lo tanto no pueden acordar en aquello que funda el bien común: ya no hay dioses que indiquen a los seres humanos lo que es bueno. Así está el problema y de él no se sale por las sendas particularistas, ni nos rescata de la incertidumbre el dogma posmoderno del estallido de las viejas totalidades.

Esta es nuestra condición. Deseamos justicia, igualdad, libertad para cada uno de nosotros y aprendimos que es absurdo remitir al fin de la historia (llámese este fin con el nombre de cualquier utopía) la realización de estos valores. Sin embargo, saber que en nombre de la justicia futura no puede ejercerse una injusticia presente y que en nombre de libertades que vendrán no deben herirse las libertades de hoy mismo, no debería conducir necesariamente a una perspectiva instantaneísta, donde el hedonismo del presente enceguece ante las desigualdades de cada día. Una "acción inteligente" no lo es sólo en función de sus resultados inmediatos, aunque los resultados inmediatos deben mantener una articulación con los fines mediatos que se persigan. Acá residen los dilemas del hacer político y de la construcción social. El particularismo y el hedonismo instantaneísta no miden sus actos ni respecto de una globalidad presente ni respecto de un horizonte de futuro: como apresados por una pinza, ignoran a los otros e ignoran el tiempo de la historia.

El relativismo absoluto, cuando juzga que los valores de los distintos grupos están igualmente cerca de dios (ya que finalmente no hay Dios ni Verdad) abandona el movimiento de la sociedad a las razones más particulares y, muchas veces, incompatibles con el principio mismo de relativismo y respeto universal de los valores. Cuando cada uno persigue su felicidad, el resultado no es (salvo en la teoría) una sociedad más equilibrada ni más feliz.

En este clima, la necesidad de una discusión general de ideas no puede ser considerada una vanidad de intelectuales de viejo tipo, ni la supervivencia ilegítima de hegelianos o marxistas clandestinos que juegan su poder simbólico a la reconstrucción de alguna totalidad determinada. Las ideas generales tampoco podrían entregarse a la única fábrica que las produce en cantidad: los medios de comunicación audiovisuales que, beneficiados por el estallido de los grandes centros modernos de construcción ideológica, nos ofrecen, al abrigo de toda sospecha de parcialidad, casi todas las ficciones de lo social que consumimos. Ellos se presentan como espacios generales, abiertos y pluralistas. Los públicos audiovisuales los reconocen así, justamente porque ya no reconocen en la política, ni en ninguna otra parte, la capacidad de emitir un mensaje que sea a la vez incluyente y verosímil.

Los saberes necesarios para tomar resoluciones en sociedades tan complejas como las actuales (incluso muy complejas en el caso de países periféricos como el que vivimos) son ultrasofisticados y numerosísimos. No circulan en los medios de comunicación audiovisual sino como fantasmas y citas muertas. Sin embargo, la proximidad a estos saberes (en especial los saberes sobre la sociedad) es indispensable si se quiere cambiar lo que esta sociedad produce. Alguien comentaba que vivimos en uno de los pocos países del mundo donde las explicaciones sobre economía son totalmente incomprensibles: si esto es así, no debería sorprender a nadie que los hombres y las mujeres sólo midan la economía por los resultados más inmediatos que ésta arroja en sus propias vidas. La dificultad de los saberes y la pérdida de un sentido de lo general son efectos de procesos que corren en paralelo. Las sociedades están cada vez más informatizadas y comunicadas desde un punto de vista técnico, pero algunas cuestiones esenciales son cada vez más opacas: se entregan, entonces, las decisiones a los expertos y a sus patrones políticos. Al mismo tiempo, la revancha del sentido común popular consiste en juzgar a esos mismos políticos como incorregiblemente corruptos.

La pérdida de sentidos no tiene que ver sólo con el estallido presente sino con la sombra que lo acompaña: el olvido de la historia y la experiencia de un tiempo que "ha dejado de ser tiempo histórico" y, en consecuencia, no mantiene lazos con el pasado ni hace promesas de continuidad futura. En la diseminación de sentidos y la fragmentación de identidades colectivas, naufraga no sólo la autoridad de la tradición; también se pierden las anclas que permiten vivir el presente no sólo como instante, al cual seguirá otro instante que también llamaremos "presente", sino como proyecto. El pasado, como quería el filósofo, ya no pesa sobre nosotros; por el contrario, se ha vuelto tan leve que nos impide imaginar "la continuidad de nuestra propia historia".

La aceleración de la retórica audiovisual es una

alegoría: nos movemos en el tiempo a saltos de *zapping*, sin que la memoria (que posee lentitud y densidad) plantee las conexiones entre aquello que ocurrió y lo que está ocurriendo. No se trata de reivindicar un historicismo romántico que encuentra en el pasado las claves que explican toda actualidad. Lejos de una idea de origen, lo que se trata es de rastrear las cicatrices (muchas veces abiertas) que el pasado marca en el presente, las deudas que el presente tiene sobre las injusticias del pasado, donde hay inscriptos deberes y obligaciones y derechos que el presente debe realizar. El presente no debería mirar hacia adelante con la libertad de un Robinson que se siente el primer hombre en su isla. Tiene que ser posible escuchar, en esta isla de tiempo en la que vivimos, las voces que llegan desde atrás: nadie carece de responsabilidad y la responsabilidad no se ejerce sólo sobre las acciones futuras. Somos tan responsables del pasado como del futuro, porque en el pasado (ya lo advirtió Walter Benjamin) están las tareas no concluidas y las injusticias no compensadas. La proyección única hacia el futuro es un hedonismo de la temporalidad; quienes quieren hacer la crítica del presente necesitan pensar en el pasado, que sólo es una herencia intolerable cuando se la recibe sin someterla a una crítica radical.

La relación con la historia es *humanística*. Salvo para los historiadores, ni la ciencia ni la técnica parecen tener historia: los científicos no se interesan en la historia de la ciencia (quizás porque tampoco leen a los epistemólogos). En un escenario donde se celebran las proféticas consecuencias de la menor de las alteraciones en la tecnología informática o genética, la idea de una cultura de las humanidades y del arte parece francamente un arcaismo. Sin embargo, así como Gramsci planteaba a los obreros italianos que debían negarse a que se fundaran para ellos escuelas puramente profesionales, la idea de una cultura humanística puede ser defendida como necesidad y no como lujo de la civilización científico-técnica.

En el vacío de una sociedad que encomienda el arte a los especialistas y encierra a los artistas en ghettos snobs o en franjas de mercado especializadas, los medios audiovisuales dan una versión paródica de las humanidades y el arte: cuando Pavarotti se desgañita en una avenida de cien metros de ancho, no está pasando literalmente nada, excepto una subida abrupta en la venta de compact discs de Pavarotti, lo que, por lo menos, tiene alguna consecuencia favorable no sólo para las grandes grabadoras internacionales. Allí canta un fantasma mediático y, sin embargo, algo también sucede porque una melodía, un acorde de la orquesta, un agudo del tenor conservan la huella de lo que es la experiencia estética. No hay razón para pensar que el disfrute de estos fantasmas mediáticos sea la única forma de arte que puede arrojarse a las masas. Hasta los años cincuenta, y muy eventualmente en la actualidad, el cine pudo ser el modelo de una estética innovadora y especialmente preparada para esa sociedad de masas que estaba ayudando a construir. La cuestión no es si millones de personas irán a ver el último film de Godard porque ese es un hecho imposible. La cuestión es si millones de personas sólo tendrán como posibilidad de disfrute estético la visión imposible del bailarín que salta sobre un escenario a una cuadra de distancia, o el montaje hogareño del *zapping*.

El arte propone una experiencia de límites. En

una civilización donde la quiebra de las religiones tradicionales, el surgimiento de neoreligiones consoladoras, el sentido absoluto del presente que se apoya en el mercado, las tecnologías médicas y las ideologías abolicionistas de la temporalidad se empeñan en evitar la idea misma de la muerte, el arte pone en escena ese límite. No hay razón que induzca a pensar que millones de hombres y mujeres deben excluirse de esa experiencia, por principio de desigualdad social (que se disfraza como principio de tolerancia). Nadie querría restaurar un paradigma pedagógico que aconsejara el adoctrinamiento estético de multitudes. Se trata más bien de incorporar el arte a la reflexión sobre la cultura, de la que ha sido desalojada por las definiciones amplias de cultura de matriz antropológica. Sabemos bien (y ya hoy es difícil violar el sentido común al respecto) que todo es cultura.

Pero hay algo en la experiencia del arte que la convierte en un momento de intensidad semántica y formal diferente a la producida por las prácticas culinarias, el deporte o el *continuum* televisivo. Todas las manifestaciones culturales son legítimas y el pluralismo enseña que deben ser igualmente respetadas. Pero no todas las manifestaciones culturales son iguales.

Una cultura debe estar en condiciones de "nombrar las diferencias que la integran". Si ello no sucede, la libertad cultural es un ejercicio destinado únicamente a realizarse en los espacios de las elites estéticas o intelectuales. La libertad de disfrute de los diferentes niveles culturales como posibilidad abierta a todos (y que no todos deben elegir) necesita de dos fuerzas: estados que intervengan equilibrando al mercado cuya estética delata su relación con el lucro; y una crítica cultural que pueda librarse del doble encierro de la celebración neopopulista de lo existente y de los prejuicios elitistas que socavan la posibilidad de articular una perspectiva democrática.

¿La crítica cultural sería, por fin, un discurso de intelectuales? Difícilmente haya demasiada competencia para apropiarse del lugar desde donde ese discurso pueda articularse. A diferencia del pasado, donde muchos querían hablar al Pueblo, a la Nación, a la Sociedad, pocos se desviven hoy por ganar esos interlocutores lejanos, ficcionales o desinteresados.

Sin embargo, el lugar puede construirse, los problemas provocan a la intervención, y, además, la realidad permite pocas alternativas. Es posible encontrar argumentos nuevos y mejores para criticar el conformismo frente a lo realmente existente como si fuera lo único posible; la celebración erotizada del poder; la placidez autosatisfecha e indiferente; el cinismo, que antes se usó como arma de la crítica a los poderosos y hoy parece ejercerse únicamente sobre los progresistas.

El pensamiento crítico no es una solución a este nudo. Es, solamente, una perspectiva: la puerta estrecha todavía no se ha cerrado.

Buenos Aires, 1993 - Tanti, Córdoba, 1994

Bibliografía

A continuación se mencionan los libros o artículos con los que he dialogado, discutido y construido mis argumentos.

Deseo hacer, además, algunas menciones fuera de la lista bibliográfica: Carlos Altamirano, Raúl Beceyro, Rafael Filippelli, Adrián Gorelik y Federico Monjeau. Ricardo Ibarlucía creyó que yo debía escribir este libro y así me lo hizo saber.

Fragmentos breves (sobre el *zapping*, los video-games y el valor estético) aparecieron originariamente en *Punto de Vista* y *Página/30*; aquí los he retomado y expandido.

Capítulo I. Abundancia y pobreza

1. Ciudad

Benjamin, *Iluminaciones*, Madrid, Taurus, 1980.

Dorfles, Gillo, *Il feticcio quotidiano*, Milán, Feltrinelli, 1988.

García Canclini, Néstor, *Estrategias para entrar y salir de la modernidad*, México, Grijalbo, 1990.

Gorelik, Adrián y Silvestri, Graciela, "Paseo de compras: un recorrido por la decadencia urbana de Buenos Aires", *Punto de Vista*, número 37, julio 1990.

Jameson, Fredric, *Postmodernism or The Cultural Logic of Late Capitalism*, Londres, Verso, 1991.

Schorske, Carl, "La idea de ciudad en el pensamiento europeo: de Voltaire a Spengler", *Punto de Vista*, número 30, julio 1987.

2. Mercado

AAVV, *Formations of Pleasure*, Londres, Routledge & Kegan Paul, 1984.

Baker, Francis, *The Tremulous Private Body*, Londres, Methuen, 1984.

Benjamin, Walter, "Historia y coleccionismo: Eduard Fuchs", *Discursos interrumpidos I*, Madrid, Taurus, 1973.

Chaney, David, *Fictions of Collective Life; Public Drama in Late Modern Culture*, Londres, Routledge, 1993.

Hebdige, Dick, *Subculture: The Meaning of Style*, Londres, Methuen, 1979; *Hiding in the Light*, Londres, Routledge, Comedia Books, 1988.

3. Jóvenes

Alabarces Pablo, *Entre gatos y violadores; el rock nacional en la cultura argentina*, Buenos Aires, Colihue, 1993.

Arcan, Bernard, *El jaguar y el oso hormiguero; antropología de la pornografía*, Buenos Aires, Nueva Visión, 1993.

Barthes, Roland, *El sistema de la moda*, Barcelona, G. Gili, 1978.

Fatela, Joao y Mignon, Patrick, "Le Rock pour ne pas dire "c'est fini"", *Esprit*, número 9, septiembre 1992.

Hebdige, Dick, *Subculture: The Meaning of Style*, cit.; *Hiding in the Light*, cit.

Ibarlucía, Ricardo, "Once tesis sobre el rock", Buenos Aires, mimeo, 1993.

Mignon, Patrick, "Existe-t-il une 'culture rock'", *Esprit*, número 7, julio 1993.

No, suplemento joven de *Página/12*, Buenos Aires.

Olalquiaga, Celeste, *Megalopolis*, Minneapolis y Oxford, University of Minnesota Press, 1992.

Ramos, Laura y Lejbowicz, Cynthia, *Corazones en llamas*, Buenos Aires, Aguilar-Clarín, 1991.

Sí, suplemento joven de *Clarín*, Buenos Aires.

Vila, Pablo, "Rock nacional: crónicas de la resistencia juvenil", en Jelin, E. (comp.), *Los nuevos movimientos sociales*, Buenos Aires, CEAL, vol. I, 1985; "El rock, música argentina contemporánea", *Punto de Vista*, número 30, julio-octubre 1987.

4. VIDEO-GAMES

Calabrese, Omar, *L'età neobarocca*, Bari, Laterza, 1987.

Fiske, John, "Video Pleasures", en *Reading the Popular*, Boston, Unwin Hyman, 1988.

How to Win at Video Games, Consumer Guide, 1982.

Mongin, Olivier, *La peur du vide; essai sur les passions démocratiques*, París, Seuil, 1993.

CAPÍTULO II. EL SUEÑO INSOMNE

AAVV, "Autismo tecno", suplemento *Futuro*, de *Página/12*, Buenos Aires, 30 de octubre de 1993.

AAVV, "Les reality shows, un nouvel age télévisuel", dossier de *Esprit*, número 1, enero 1993.

Amiel, Vincent, "Des images de mondes superposés", *Esprit*, número 10, octubre 1991.

Arfuch, Leonor, "Reality shows: cinismo y política", 1993 (mimeo); *La interioridad pública; la entrevista como género*, Buenos Aires, Facultad de Ciencias Sociales, Cuaderno del Instituto de Investigaciones, 1993.

Barbero, Jesús Martín, *De los medios a las mediaciones*, Barcelona, Gili, 1987.

Baudrillard, Jean, *Las estrategias fatales*, Barcelona, Anagrama, 1984.

Bürger, Peter, "La declinación del modernismo", *Punto de Vista*, 46, agosto 1993 (trad. de *The Decline of Modernism*, University Park, The Pennsylvania State University Press, 1992).

Calabrese, Omar, *L'età neobarocca*, cit.

Casetti, Francesco y Odin, Roger, "De la paléo à la néo-télévision", *Communication*, número 51, 1990.

Chaney, David, *Fictions of Collective Life; Public Drama in Late Modern Culture*, cit.

Dorfles, Gillo, *Il feticcio quotidiano*, cit.

Eco, Umberto, *La estrategia de la ilusión*, Buenos Aires, Lumen-De la Flor, 1987; *Obra abierta*, Barcelona, Seix Barral.

García Canclini, Néstor, "La cultura bajo la regresión neoconservadora; Una modernización que atrasa", mimeo,1993.

Landi, Oscar, *Devórame otra vez*, Buenos Aires, Planeta, 1992.

Le Diberder, Alain y Coste, Nathalie, *La télévision*, París, La Decouverte, 1986.

Mangone, Carlos, *Tinelli*, La Marca, 1992.

McLuhan, Marshall, *La galaxia de Gutenberg*, México, Planeta, 1985.

Rinesi, Eduardo, *Mariano*, La Marca, 1992.

Sandler, Irving, *Le triomphe de l'art américain*, Editions Carré, 1990.

Schmucler, Héctor, "La política como mercado o la desventura de la ética", en Héctor Schmucler y María Cristina Mata (comps.), *Política y comunicación*, Universidad Nacional de Córdoba-Catálogos, 1992.

Vattimo, Gianni, *La sociedad transparente*, Barcelona, Paidós, 1990.

Vezzetti, Hugo, "El sujeto psicológico en el universo massmediático", *Punto de Vista*, número 47, diciembre 1993.

Williams, Raymond, *Television. Technology and Cultural Form*, Londres, Fontana, 1979.

Capítulo III. Culturas populares, viejas y nuevas

Auyero, Javier, *Otra vez en la vía; notas e interrogantes sobre la juventud de sectores populares*, Buenos Aires, GECUSO, 1993.

Barbero, Jesús Martín, *De los medios a las mediaciones*, cit.; "Innovación tecnológica y transformación cultural", *Telos*, número 9, 1987.

Bourdieu, Pierre, "Vous avez dit populaire?", *Actes de la recherche en Sciences Sociales*, número 43, 1982.

Chaney, David, *Fictions of Collective Life; Public Drama in Late Modern Culture*, cit.

De Certeau, Michel, *The Practice of Everyday Life*, Berkeley, University of California Press, 1984.

Ford, Aníbal, *Desde la orilla de la ciencia. Ensayos sobre identidad, cultura y territorio*, Buenos Aires, Punto Sur, 1987.

García Canclini, Néstor, *Culturas híbridas; estrategias para entrar y salir de la modernidad*, cit.; "Una modernización que atrasa; La cultura bajo la regresión neoconservadora" cit.; *Las culturas populares en el capitalismo*, México, Nueva Imagen, 1989.

Grignon, Claude y Passeron, Jean-Claude, *Lo culto y lo popular; miserabilismo y populismo en sociología y en literatura*, Buenos Aires, Nueva Visión, 1991.

Gutiérrez, Leandro y Romero, Luis Alberto, "Sociedades barriales, bibliotecas populares y cultura de los sectores populares: Buenos Aires 1920-1935", *Desarrollo Económico*, 109, diciembre 1989.

Hoggart, Richard, *The Uses of Literacy*, Londres, Chatto & Windus, 1957.

Lehmann, David, "Prolegómeno a las revoluciones religiosas en América Latina", *Punto de Vista*, número 43, agosto 1992.

Ortiz, Renato, *A moderna tradiçao brasileira*, San Pablo, Editora Brasiliense, 1988.

Richard, Nelly, *La estratificación de los márgenes*, Santiago de Chile, 1989.

Romero, Luis Alberto, *Los sectores populares urbanos como sujetos históricos*, Buenos Aires, PEHESA-CISEA, 1987.

Rowe, William y Schelling, Vivian, *Memory and Modernity; Popular Culture in Latin America*, Londres, Verso, 1991.

Rubinich, Lucas, *Tomar la cultura del pueblo, bajar la cultura al pueblo; dos nociones de la acción cultural*, Buenos Aires, Fundación del Sur-GECUSO, 1992.

Semán, Pablo, "Pentecostales: un cristianismo inesperado", *Punto de Vista*, número 47, diciembre 1993.

Schwarz, Roberto, "Discutindo com Alfredo Bosi", *Novos Estudos*, número 36, julio 1993.

Capítulo IV. El lugar del arte

1. Instantáneas

Juan José Saer, Sergio Chejfec, Eduardo Stupía, Daniel Samoilovich son mis amigos; Juan Pablo Renzi lo fue hasta su desaparición en 1992. De ellos he tomado, con una libertad que no autorizaron pero que seguramente comprenderán, los rasgos de estas "Instantáneas". Rafael Filippelli también tiene mucho que ver con todas ellas.

2. Valores y mercado

Adorno, T. W., *Teoría estética*, Madrid, Taurus, 1971; *Note per la letteratura*, Turín, Einaudi, 1979.

Bauman, Zygmunt, *Intimations of Postmodernity*, Londres, Routledge, 1992.

Benjamin, Andrew, *Art, Mimesis and the Avant-Garde*, Londres, Routledge, 1991.

Bourdieu, Pierre, *Les règles de l'art*, París, Seuil, 1993.

Bürger, Peter, *Theory of Avant-Garde*, Minneapolis, University of Minnesota Press, 1984.

Calinescu, Matei, *Faces of Modernity: Avant-Garde, Decadence, Kitsch*, Indiana University Press, 1977.

Foster, Hal, *The Anti-Aesthetic, Essays in Postmodern Cultures*, Port Townsend, Bay Press, 1983; *Recodings; Art, Spectacle, Cultural Politics*, Seattle, Bay Press, 1985.

Franco, Jean, "Going Public: Reinhabiting the Private", en George Yudice, Jean Franco y Juan Flores (comps), *On Edge; The Crisis of Contemporary Latin American Culture*, Minneapolis, University of Minnesota Press, 1992.

Gablik, Suzanne, *Has Modernism Failed?*, Londres, Thames and Hudson, 1984.

Gramuglio, María Teresa, "La summa de Bourdieu", *Punto de Vista*, número 47, diciembre 1993.

Grignon, Claude y Passeron, Jean-Claude, *Lo culto y lo popular; miserabilismo y populismo en sociología y en literatura*, cit.

Lyotard, Jean-François, "Philosophy and Painting in the Age of their Experimentation: Contribution to an Idea of Postmodernity" (originalmente aparecido en *Camera Obscura*); "The Sublime and the Avant-Garde" (originalmente aparecido en *Paragraph*), en *The Lyotard Reader*, comp. de Andrew Benjamin, Oxford, Blackwell, 1989.

Molino, Jean, "L'art aujourd'hui", *Esprit*, número 7-8, julio y agosto 1991.

Monjeau, Federico, "En torno del progreso", *Lulú, revista de teorías y técnicas musicales*, número 3, abril, 1992.

Robbins, Bruce (comp.), *Intellectuals; Aesthetics, Politics, Academics*, Minneapolis, University of Minnesota Press, 1990.

Ross, Andrew, *No Respect; Intellectuals and Popular Culture*, Londres, Routledge, 1989.

Saavedra, Guillermo, *La curiosidad impertinente; entrevistas con narradores argentinos*, Rosario, Beatriz Viterbo, 1993.

Schwarz, Roberto, "Discutindo com Alfredo Bosi", *Novos Estudos*, número 36, julio de 1993; *Ao vencedor as batatas*, San Pablo, 1977.

Todorov, Tzvetan, *Crítica de la crítica*, Barcelona, Paidós, 1991.

Vattimo, Gianni, *La sociedad transparente*, Barcelona, Paidós, 1990.

Williams, Raymond, *Marxism and Literature*, Oxford, Oxford University Press, 1977.

CAPÍTULO V. INTELECTUALES

Alberoni, Francesco y Veca, Salvatore, *L'altruismo e la morale; Quando s'incontrano passione e ragione; Il manifesto del nuovo illuminismo*, Milán, Garzanti, 1988.

Altamirano, Carlos, "Los intelectuales, de Alfonsín a Menem" (reportaje de G. Saavedra), *Clarín*, 12 de julio, 1992; "Hipótesis de lectura (sobre el tema de los intelectuales en la obra de Tulio Halperin Donghi)", *Punto de Vista*, número 44, noviembre 1992.

Aronowitz, Stanley, "On Intellectuals", en Bruce Robbins (comp.), *Intellectuals; Aesthetics, Politics, Academics*, cit.

Bauman, Zygmunt, *Legislators and Interpreters*, cit.; *Intimations of Postmodernity*, cit.

Benjamin, Andrew, *Art, Mimesis and the Avant-Garde*, cit.

Bourdieu, Pierre, "No hay democracia efectiva sin un contrapoder político" (entrevista), *Clarín*, 30 de julio, 1992.

Castoriadis, Cornelius, "El deterioro de Occidente", *Punto de Vista*, número 48, abril, 1994.

Foucault, Michel, *La arqueología del saber*, México, Siglo XXI, 1970; *Microfísica del poder*, Madrid, La Piqueta, 1978.

Gouldner, Alvin, *The Future of Intellectuals and the Rise of the New Class*, New York, Continuum, 1979.

Gramsci, Antonio, *Cultura y literatura*, Barcelona, Península, 1972.

Haraway, Donna, "A Manifesto for Cyborgs: Science, Technology and Socialist Feminism in the 1980s", *Socialist Review*, número 80, marzo-abril 1985.

Janicaud, Dominique, "La double méprise; Les lettres dans la civilisation scientifico-technique", *Esprit*, número 10, octubre 1992.

Nora, Pierre, *Les lieux de mémoire*, París, Gallimard, 1993; comentario bibliográfico de Olivier Mongin, "Une mémoire sans histoire; Vers une autre relation à l'histoire", *Esprit*, número 3-4, marzo, 1993.

Nouvel Observateur, "La pensée en 1993", dossier publicado en el número 1508, 30 de septiembre, 1993.

Ricoeur, Paul, *Ideología y utopía*, Barcelona, Gedisa, 1989.

Ross, Andrew, "Defenders of the Faith and the New Class", en Bruce Robbins (comp.), *Intellectuals; Aesthetics, Politics, Academics*, cit.

Rossanda, Rossana, *Las otras*, Barcelona, Gedisa, 1982.

Sartre, Jean-Paul, *Plaidoyer pour l'intellectuel*, París, Gallimard, 1972.

Sigal, Silvia, *Intelectuales y poder en la década del setenta*, Buenos Aires, Puntosur, 1991.

Silvestri, Graciela, "La convención verde. Contra la naturalización ecologista de la vida urbana", *Punto de Vista*, número 48, abril 1994.

Spivak, Gayatri Chakravorty, "Can the Subaltern Speak?", en Cary Nelson y Lawrence Grossberg, *Marxism and the Interpretation of Culture*, Urbana, University of Illinois Press, 1988.

Walzer, Michael, *The Company of Critics; Social Criticism and Political Commitment in the Twentieth Century*, New York, Basic Books, 1988.

Williams, Raymond, *Towards 2000*, Londres, Chatto & Windus, 1983.

Yudice, George, "Postmodernity and Transnational Capitalism in Latin America", en George Yudice, Jean Franco y Juan Flores (comps.) *On Edge; The Crisis of Contemporary Latin American Culture*, cit.

Índice